El libro del líder

El libro del líder
Parte 1
Como miel para las abejas

Yesenia Y. Leos de Garza

Número de Control de la Biblioteca del Congreso de EE. UU.:   2014921162
ISBN: Tapa Dura   978-1-4633-9645-9
                   Tapa Blanda   978-1-4633-9644-2
                   Libro Electrónico   978-1-4633-9646-6

Este libro fue impreso en los Estados Unidos de América.

Fecha de revisión: 25/11/2014

El texto Bíblico ha sido tomado de la versión Reina-Valera © 1960 Sociedades Bíblicas en América Latina; © renovado 1988 Sociedades Bíblicas Unidas. Utilizado con permiso. Reina-Valera 1960™ es una marca registrada de la American Bible Society, y puede ser usada solamente bajo licencia.

Para realizar pedidos de este libro, contacte con:
Palibrio
1663 Liberty Drive
Suite 200
Bloomington, IN 47403
Gratis desde EE. UU. al 877.407.5847
Gratis desde México al 01.800.288.2243
Gratis desde España al 900.866.949
Desde otro país al +1.812.671.9757
Fax: 01.812.355.1576
ventas@palibrio.com
699463

Índice

TEMA 1
LA PRIMERA IMPRESIÓN

TEMA 2
LA POSTURA DE SEGURIDAD

TEMA 3

LEVANTARSE,
SACUDIRSE Y SEGUIR

TEMA 4

SEMBRAR Y CUIDAR

Recomendaciones

El exito de mi Carrera profesional como vendedor, fue en base al interes en leer libros en el tema de liderazgo. Fue así que logré comprender que había en mi una cualidad nata para poder llegar a la gente y vender mi producto. Logré aprender que la presentacion de un vendedor respecto a su vestuario, comprende un 50% y el otro 50% la seguridad con la que se desarrolla en el momento de una presentación. Al igual que en el inicio de mi ministerio fue la continua lectura bíblica y libros de liderazgo me ayudaron a tener el conocimiento y seguridad al exponer. Estos son los motivos que no solo me persuaden a recomendar este libro sino que me convencen a recomendar este libro para lograr el éxito en todo lo que se emprenda.

Pastor Salvador Leos Lugo

La gran bendición que Dios me ha regalado al conocer esta gran familia conformada por gente emprendedora y dispuesta a ayudar y orientar a través de los temas de liderazgo, me motiva y me anima a recomendar este gran libro que será de gran ayuda al ministerio y al liderazgo profesional. En hora buena a nuestra apreciable hermana en Cristo y amiga Yesenia Leos de Garza por esta serie de libros de liderazgo que ha escrito.

Pastor Gustavo Gómez Hernández.

Mis felicitaciones para esta gran mujer, quien ha sido de gran inspiración y motivación en mi vida y mi familia. Que Dios bendiga abundantemente a todos los lectores que tengan el privilegio de leer este gran libro de liderazgo.

Líder de Iglesia Aida Melano Jiménez

TEMA 1
LA PRIMERA IMPRESIÓN

Lideres autoritarios, lideres demócratas, lideres
liberales, lideres fabricados y lideres natos. El Señor
quiere líderes que sepan ser siervos. Miqueas 4:4
Hay quien busca liderazgo sin haber sido siervo.

Capitulo 1

UN CARACTER AMABLE

> *La presentación principal de un líder es la actitud que proyecta desde que se hace presente en una reunión.*

Se ha dado a conocer como es que un carácter amable es una llave que abre la confianza de las personas. La amabilidad se hace notar en una persona que tiene amor y ama a sus seguidores mismos que desean aprender, conocer y ser guiados con éxito en su camino. Tal y como Jesucristo muestra su gran liderazgo ganando a sus seguidores con un carácter amable lleno de amor y dispuesto a enseñarles y guiarles en todo tiempo. Cuando llegas a un lugar concurrido habrá muchas personas que te observaran a simple vista si es que eres desconocido para ellas pues mucha gente siempre está a la expectativa de las nuevas personas que entran a un lugar. Por ejemplo cuando en una Iglesia se tiene la visita de nuevas personas, éstas se encuentran un tanto cohibidas a causa de no conocer a la mayoría de las personas presentes, por lo cual se mantendrá observando el comportamiento de las personas que desconoce pero sobre todo se mantendrá atenta al comportamiento de los lideres. Y así mismo sucede también en una reunión de negocios o de oportunidad. Ya que las personas que llegan por primera vez estarán tratando de conocer la verdadera Identidad del líder que le guiara. Por lo cual la presentación del líder no es la que desarrolla en un escenario o en un pulpito sino la actitud que desarrolla desde el momento en el que se hace presente en un lugar. Por lo cual es de suma importancia que en todo momento muestre un carácter amable lo que hará que inspire confianza en las personas que están por primera vez en esa reunión.

Aunque el nuevo invitado no ha cruzado palabra con el líder, empezará a fabricar en su mente una imagen y carácter del líder dependiendo de todo lo que va observando. En un par de ejemplos les diré hasta donde puede un visitante dejar correr la imaginación.

Si el nuevo visitante ve al líder principal entrar a un lugar y lo escucha exhortando a uno de los lideres encargados de alguna tarea que no se realizó, la primer apariencia del líder será la de una persona mal humorada y demasiado estricta ya que el visitante no entenderá lo que esta sucediendo y eso lo incomodara por lo que ya se dispuso a no ser parte de ese grupo u organización. Automáticamente en lugar de poner atención solo estará imaginando lo terrible que ha de ser para los miembros de esa organización el soportar a su líder. Y si vio que líder después de dar una fuerte exhortación cambia su gesticulación por una gran sonrisa y se presenta frente al visitante, este pensara que el líder principal es una persona sumamente hipócrita. Y esta el la Palabra que afecta terriblemente a cualquier persona misma que se debe evitar a toda costa y no permitir que se mal interprete su gran liderazgo con una terrible conducta hipócrita.

Un líder tiene que tener la capacidad de hacer a un lado sus problemas y poder dar lo mejor al espectador y de esta manera transmitir su visión y enseñar a soñar y luchar por el sueño que se podrá hacer realidad. Y Aunque es lo más difícil del líder, es sumamente necesario mantener la firmeza y el dominio propio. Les daré un ejemplo de como un líder o un profesional debe tener la capacidad de dominar sus sentimientos para dar lo mejor de sí a un miembro de la organización, socio o cliente. En mi cuarto embarazo mientras visitaba la clínica donde me habían atendido de los primeros embarazos me rehusaba a ser atendida por mi antiguo doctor ya que no me sentía bien con el por el hecho de que el doctor no hablaba español y mi ingles era muy pobre por lo cual quería que alguien bilingüe me atendiera. Pero antes de pedir otro Doctor me detuve en la sala de citas de la clínica y observaba cuando salía un doctor y entraba al cubículo de las secretarias y veía los expedientes de los pacientes. Yo Observaba fijamente a cada medico que entraba y vi cuando un Medico entró de muy mal humor y arrebató el expediente de las manos de la secretaria, misma que se incomodo con la actitud del Doctor. Y mientras él leía el expediente movía su cabeza hacia los lados como diciendo no, no, no. Y de mala actitud le dijo a la secretaria que mandara llamar al paciente a su consultorio. Yo le pregunte a la secretaria el nombre de ese Doctor y cuando me lo dio dije "eliminado, no quiero que me atienda ese Doctor" y la verdad es que esa no es una buena decisión porque probablemente ese sea un gran medico pero sabía que el sentirme segura ayudaría a que mi embarazo llevara un buen curso. De pronto entró una doctora de baja estatura, y mus simpática se introdujo al cubículo del Hospital y vi como las secretarias la recibían muy felices. La Doctora pidió que le dieran los expedientes de los pacientes y dos de las secretarias se levantaron al mismo tiempo para atenderla y la Doctora les agradeció muy amablemente. Detenidamente leía los expedientes y se retiró despidiéndose de las secretarias con un carácter amable de muy buen humor y habiendo eliminado de ese cuarto la tensión que había dejado el otro Medico. Así que pregunte a una de las secretarias el nombre de la doctora y que tan buen profesional era, y todas las secretarias me dieron muy buenas referencias de su profesionalismo y su lindo carácter. Mi última pregunta la cual en verdad ya no me interesaba tanto la respuesta pues me pareció que esa doctora seria la indicada para llevar el seguimiento de mi embarazo, y la pregunta fue "¿Habla español?" y ellas contestaron "SI" Y fue Así como esa doctora atendió mi embarazo y los siguientes pues me sentía muy tranquila y siempre veía las cosas con optimismo, siendo que fue un embarazo de alto riesgo ella siempre me decía que todo saldría bien y se enfocaba y esforzaba en que yo recibiera todos los cuidados necesarios. Por lo cual vemos lo importante de mostrar un carácter amable en todo tiempo para que las personas invitadas que de lejos o de cerca estén observándote sea una imagen de un carácter amable lo que encuentren en quien será su líder mismo que ya esta inspirando confianza. La amabilidad no esta peleada con la disciplina ni la exhortación, solo se tiene que saber el momento donde se debe llevar a cavo esa exhortación mismo que no puede ser publico ya que al hacerlo publico avergüenza a su líder y da una mala imagen a los nuevos invitados por lo cual se debe tomar un lugar donde se exhorte de manera amable a la persona que no esta cumpliendo con sus tareas.

Una persona de carácter amable no puede inmiscuirse en chismes ni difamaciones, ya que un buen líder deberá ser ejemplo de cordura y lejos de encender más el fuego de las calumnias. El líder deberá tener la capacidad de apagar el fuego provocado por las calumnias. Por lo cual un carácter amable traerá armonía a su organización.

Dice la epístola del apóstol San Pablo a Tito en el capitulo tres versos uno y dos:

Recuérdales que se sujeten a sus gobernantes y autoridades, que obedezcan, que estén dispuestos a toda buena obra. Que a nadie difamen, que no sean pendencieros, sino amables, mostrando toda mansedumbre para con todos los hombres.

Nuestro Señor Jesucristo nos ensena la importancia de sujetarnos a nuestras autoridades obedeciendo a nuestros superiores y dando un buen ejemplo en todo momento,

Así mismo evitando las difamaciones o chismes causados por personas que no se complacen en la obediencia y menos en alguna exhortación de su líder principal cuando dicha exhortación ha sido ameritada por alguna falta. Debemos de tomar en cuenta que para ser un buen líder es necesario aprender de un buen líder por lo cual se debe ser alumno para poder ser maestro, y si se es un mal alumno será un mal maestro. El líder debe hacer notar el fruto del Espíritu en su vida y siempre recordar que Dios nos dio un espíritu de poder, amor y dominio propio. Por lo cual si el líder esta luchando contra un carácter fuerte y colérico necesita orar y pedirle a Dios que le ayude y sea manifestado en su vida ese hermoso fruto del espíritu.

Mas el fruto del espíritu es amor, gozo, paz, paciencia, benignidad, bondad, fe, mansedumbre, templanza; contra tales cosas no hay ley. Gálatas 5:22

Capitulo 2

CONTACTOS EN FRIO

> *Todo se puede lograr cuando tu enfoque no esta en las respuestas que te puedan dar sino en las metas que vas a conquistar.*

Ya que hemos hablado un poco de la importancia la primera impresión mostrando amabilidad, tocaremos el tema que muchas personas atemoriza o simplemente lo ven imposible de accionar y hablo del contacto en frio con el cual podrán llenar cuartos de conferencias y hasta auditorios de personas que no conocen.

En lo personal jamás imaginé llegar a tener tanta experiencia en el trabajo del mercado frio ya que fui muy tímida en mi infancia y muy poco sociable pues hasta seme dificultaba saludar a las personas ya que prefería evitarlas aun si eran amistades o familiares de mis Padres. En ocasiones mientras estaba en la primaria y la maestra hacia algunas preguntas de la enseñanza que nos daba, mi timidez me evitaba levantar mi mano para dar la respuesta. En algunas ocasiones me enojaba tanto por la falta de valentía para levantarme y exponer mi trabajo escolar. Cuando algún familiar llevaba a su bebé recién nacido a mostrar a mis Padres ellos lo elogiaban y le decían palabras bonitas al bebé y cuando lo acercaban a mi yo me alejaba porque no podía expresarme ya que me daba vergüenza hablarle palabras cariñosas al bebé. Prefería estar en mi cuarto viendo televisión o dibujando pues era realmente antisociable.

Yo no entendía como podían hablar con personas desconocidas. En una ocasión cuando tenía once años de edad llegó mi Padre con un costal de pimienta y otro de comino y empezó a empacar bolsitas donde introducía una cucharadita de pimienta y en otras una cucharadita de comino, después doblaba la bolsita y las grapaba en unas tiras de cartoncillo completando veinte paquetitos en cada cartón. Mi hermanita de 9 años, mi Mamá y yo ayudábamos a mi Papá a terminar esos cartones con sus bolsitas. Y cuando ya estaban listos me llevé la gran sorpresa de que mi Padre los hizo para mi hermana y para mí, para llevarlos a vender. Mi Mamá se sorprendió con la noticia pues estábamos viviendo muy bien económicamente no nos faltaba nada sino al contrario podemos decir que vivíamos con abundancia, Así que no entendíamos la razón por la que mi Padre nos entregaba un paquete en cada mano a mi hermana y a mi. Mi Padre nos dijo vallan con las vecinas y ofrezcan los sobre de pimienta y comino pero no se alejen mas de una cuadra a la redonda de nuestra casa, venderán cada bolsita a diez pesos que eran aproximadamente un dólar. Así salimos mi hermana y yo con un paquete de veinte sobrecitos grapados a los cartones, mi hermana se escondía atrás de mí y mi corazón palpitaba apresuradamente. No sabia que decir, solo pensaba que cuando tocara a la puerta de las vecinas ellas saldrían y yo quedaría sin habla, pero mi Papá nos mando y tenia que hacerlo, Así que toque la puerta de una de las vecinas y cuando abren la puerta solo dije "pimienta y comino a diez pesos la bolsa" y la señora me dijo "Si, dame una de cada una" Mi corazón palpitaba mas aun pero no de miedo sino de gozo, me sentí muy emocionada, y así me apresure a ir a tocar otra puerta y también vendimos y así estuvimos tocando varias puestas y solo una persona dijo que por el momento No. Pero yo me mantenía emocionada y quería cruzar a vender en otra cuadra y no parar de vender pero teníamos que regresar a casa y me entusiasmaba llegar a dar la buena noticia a mis Padres. Cuando llegamos a casa de mis Papás llegamos corriendo y dando gritos de alegría, le entregamos a mi Papá el dinero y le pedimos permiso de alejarnos mas pero el solo sonrió y nos dijo que solo quería enseñarnos una lección, la lección diciéndonos "SIEMPRE SE PUEDE SALIR ADELANTE Y SI ALGUN DIA PASAN POR ALGUNA DIFICULTAD FINANCIERA, SEPAN QUE SIEMPRE SE PUEDE HACER ALGO" Mi Padre me enseñó a perder el miedo de enfrentarme a una situación donde no conozco a la gente y el no saber que decir frente a alguien que apenas conoces. La lección de mi Padre fue de gran ayuda ya que la mayoría de mis trabajos se han desempeñado con el mercado frio. Cuando tenia catorce años de edad hacia mi tarea con una amiga en mi casa y al terminar jugamos a hacernos peinados pero nos hacia falta un gel modelador de cabello y en aquel tiempo estaba un gel modelador de moda pero su costo era muy elevado así que se me ocurrió hacer un pay de queso y aunque no sabía cocinar tomé una de las enciclopedias que vendía mi Papá y empecé a seguir la receta y puse a hornear aquel pay de queso. Y mientras se horneaba hice una lista de cinco números en mi cuaderno y me fui a ofrecer los boletos de la rifa. Al tocar la primera puerta le dije a una vecina que por lo pronto solo contaba con cinco números y si alguien se animaba a comprar otro número lo agregaría y la rifa seria en una hora más tarde, y la vecina me compro dos números. Y así me fui a la siguiente casa y otra más. Entonces decidí agregar otros cinco números ya que se vendían rápido. A los veinte minutos ya tenia vendidos diez números por lo cual decidí agregar otros diez números ya que el negocio seme hizo muy productivo. Sin embargo al aumentar la meta tenía que trabajar más y visitar más casas para llegar a la meta de los veinte números para la rifa. Cada vez era más difícil y me faltaban dos números así que decidí seguir otra cuadra más, hasta que logre vender los veinte números de la rifa. Y ya satisfecha por el logro recordé que el pay de queso estaría listo a los cuarenta minutos y ya había pasado poco más de una hora. Mi amiga y Yo nos fuimos corriendo hasta mi casa y al abrir la puerta nos recibe una nube de humo que provenía de aquel tostado y ahumado pay de queso. Ahora tenía un problema, ya no tenía ingredientes y no quería regresar el dinero. Y recordé que a dos cuadras estaba una panadería por lo cual me dirigí a ella esperando encontrar un pay de queso, y gracias a Dios si tenían un pay de queso. Al comprarlo sólo gaste menos de la mitad del dinero que me pagaron. Ese día me di cuenta de que había negocio en las ventas y que siempre habrá alguien que te dirá que si y también quien te dirá que no, pero los "NO" no me interesaban ni siquiera me afectaban pues yo lo que buscaba eran los SI y cuando alguien decía "no" me despedía agradecida y apresurada a ir por la gente que me diría Si. De esta manera empecé a los 17 años vendiendo moños para el cabello los cuales hice con un mantel de plástico que me regalo una tía, y a los dieciocho años empecé a trabajar en una compañía de red de mercadeo. A los dieciocho y medio vendía joyería y aprendí a cambiar mercancía con otros comerciantes. Compré pulseras bañadas en oro a veinticuatro pesos y las vendía a doscientos cuarenta pesos pues ese era el precio sugerible al publico por la joyería donde yo compraba por mayoreo. Cuando llegaba a una frutería le decía a la dueña del negocio que si le gustaban las pulseras le podía cambian una por fruta y vegetales y ella aceptó muy feliz y así lo hice con la boutique de ropa, y con varios comerciantes. Era impresionante la manera en la que cada día podía ver como se puede lograr lo que te propones si solo te decides a hacerlo sin pensar en la respuesta que te puedan dar. Sólo es cuestión de hacerlo y ya. Quien te diga que no, que bueno, quien te diga que si SUPER BUENO. Probablemente se pregunte ¿que tiene de bueno que alguien te diga que no? pues lo que tiene de bueno es que estas haciendo tu trabajo ya que lo único que podría ser malo es NO HACER NADA. Tú tira las semillas y si tiraste cien y solo diez nacieron y crecieron y te alimentan eso es SUPER BUENO. En lo particular me gusta mucho trabajar el mercado frio ya que las personas que te dicen que si, no te conocen y no se toman tantas confianzas como para exigirte que tú les hagas el trabajo que les corresponde a ellos hacer. Tienen que tener en claro que todo trabajo requiere sacrificio pues aún el maná que Dios le daba al pueblo de Israel caía del cielo pero la gente tenia que ir a recogerlo. Así que a nadie le cayó el maná en su cama. Y no seremos productivos sentados viendo la televisión. Muchas personas me dicen que lo más importante es el mercado caliente, a lo cual se refieren a trabajar con personas conocidas y esos conocidos traerán a sus conocidos y tu organización ira de aumento en aumento, y eso es verdad. Pero que sucede cuando se agotan los contactos conocidos y ya no tienes a nadie más a quien invitar. Y tus conocidos ya agotaron también sus listas y parece que tu grupo u organización dejó de crecer y algunos se alejan y dejan de asistir a las reuniones y lejos de que tu grupo crezca se va empequeñeciendo. Y que sucede cuando tienes un grupo y el cincuenta por ciento decide irse con otro líder y quedas con solo la mitad de la gente que tenias. ¿Te rendirías porque ya nadie llevó invitados? De ninguna manera! Siempre hay gente esperando a que tu le invites y en estos momentos están esperando a una persona entusiasta como tu, con visión y sueños; un líder que se atreve a vencer los retos y que sabe levantarse y salir adelante. Así que solo es cuestión de salir y hablar con la gente, no importa si no te conocen solo haz lo que tienes que hacer, comparte la oportunidad de cambiar vidas no te des por vencido sal y habla y todo lo demás Dios lo hará, tu cumple con tu parte y Dios hará la suya.

Capitulo 3

COMPARTIENDO

> *El entusiasmo es la mejor manera de atraer la atención de las personas que desean dar un cambio radical en su vida.*

El entusiasmo y la alegría harán que contagien a todo aquel que estaba encerrado en un círculo vicioso donde por años el aburrimiento y la rutina le habían hecho perder su capacidad de soñar, por lo cual todo ánimo había desaparecido. Para muchas personas la vida cotidiana suele ser frustrante y tristemente solo ven pasar las horas los días las semanas los meses y en algunos hasta los años, viviendo una terrible y tediosa rutina. Para todos los que se están incursionando en una nueva etapa empresarial o de crecimiento espiritual, profesional o personal; Les es necesario hacer notar un cambio drástico ya que las cosas se han transformado en la mayoría de los casos en una nueva vida, dando por hecho un cambio de 360 grados. Para dar inicio a un plan de crecimiento de grupo, equipo u organización, se deberá tomar mano del entusiasmo ya que es la mejor manera de atraer la atención de las personas que están deseosas de dar un giro total a su vida. En una ocasión mientras entrenaba un grupo de veinticuatro personas que estaban teniendo problemas para desempeñar un trabajo de ventas, les pedí que se reunieran a las ocho de la mañana en mi oficina. Para eso yo tenía en mi escritorio un vaso deportivo de plástico el cual era transparente de color verde olivo, y en el vaso introduje varios paquetitos de barras de granola y algunos chocolates con envoltura y de un lado un moño rojo con varios listones que caían en forma de espirales. Cuando las personas entraban y tomaban asiento eran atraídas por el vaso decorado y algunas pensaban que era un obsequio que yo había recibido. Al dar inicio al entrenamiento les explique la importancia de proyectar un gran entusiasmo al momento de hablar con las personas ya que ese día el entrenamiento se concentraría en el mercado frio. Después de una hora de entrenamiento les di un reto en el cual las veinticuatro personas tenían que salir de la oficina e ir a varias cuadras a la redonda y tocar puertas donde les pedirían a las personas que las evaluaran ya que estaban en una prueba de libertad de expresión. Les dije que primeramente saludaran a la persona que les abrió dando una agradable sonrisa y le pidieran a la persona el favor de evaluar su entrevista en la cual ellos llevaban en mano una libreta con diez preguntas y le decían a las personas que si les ayudaban a tomar ese pequeño examen les entregarían un cupón de descuento. La meta asignada era reunir más de diez presentaciones del producto en el transcurso de la semana y como el día en el que empezamos el entrenamiento era un lunes, las presentaciones deberían llevarse a cabo dentro de esa semana. Les dije que la primera persona en llegar a la oficina con sus diez citas fechadas obtendría como regalo el vaso decorado. Recuerdo las caras de aquellas personas tan emocionadas y es que no era el valor del vaso sino el detalle de gratificar su esfuerzo. En ese grupo de personas se encontraba una mujer de algunos cuarenta y cinco años de edad la cual desde que llego al lugar daba una apariencia de enojada ya que su frente tenía marcada la gesticulación de los músculos faciales contraídos en su frente, y no había una sonrisa en su boca. Cada personas debería traerme una lista de los nombre direcciones y números telefónicos de las personas que aceptaron fechar una presentación para de esta manera yo poder verificar haciéndoles una llamada y agradeciendo el permitir recibir a los representantes en sus hogares. Cuando salieron todos los representantes de la oficina la mayoría salía corriendo para tomar ventaja. Todos estaban muy animados y para mi sorpresa a los cuarenta y cinco minutos llegaron dos representantes con su agenda lista con diez presentaciones fechadas y a los cinco minutos más tarde llegaron otros tres representantes y Así a las dos horas ya estaban todos en la oficina con sus diez presentaciones fechadas. Pero alguien hacía falta en el grupo y era aquella mujer de mirada enojada. Tome las hojas y al azar hice un par de llamadas de cada lista de los representantes para verificar su trabajo y agradecer al cliente la oportunidad de brindarles su casa a nuestros representantes para mostrar sus productos. Al terminar las llamadas invite al frente al ganador del vaso decorado y de pronto entro aquella mujer a la cual daré otro nombre y le llamaré Antonia. Cuando Antonia llego a la oficina todos la voltearon a ver y se hizo un silencio en el salón. Cuando le pregunté a Antonia como le había ido y cuantas presentaciones le fueron fechadas ella sin ningún movimiento en su cara y con su frente fruncida solo contesto "Nadie quiso" y entonces Antonia tomó su lugar y permaneció callada. El grupo se sentía mal por Antonia pero nadie le decía nada. En ese momento le pedí a uno de los representantes pasar al frente y compartir una anécdota graciosa en su vida y todos sonreían y fue ahí donde vi una pequeña sonrisa formarse en la boca de Antonia. Después le pedí a Antonia pasar al frente y compartirnos su anécdota graciosa y nos dijo como el día de su boda el sacerdote pensó que ella se estaba casando a la fuerza porque no se veía feliz y en eso todos estaban callados y ella empezó a reírse y todos con ella. Nos dimos cuenta de que sería un poco más difícil para Antonia el atraer nuevos socios y prospectos de negocio pero no sería imposible, así que le pedí que tratara de marcar una sonrisa en su boca y aunque al principio sería difícil al paso del tiempo se acostumbraría y marcara una sonrisa que le ayudaría a crecer mucho más en su negocio. Ese día estaba haciendo frio y después de medio día hubo una fuerte lluvia la cual provenía de una tormenta en la Ciudad. Al siguiente día nos dimos cita en la mañana para dar un segundo entrenamiento de una hora. Ese día Antonia se levantó y me dio su libreta con más de diez presentaciones fechadas. Todos nos sorprendimos pues no sabíamos que había sucedido, si el día pasado después de despedirnos las lluvias eran cada vez más fuertes. Antonia nos comentó que saliendo de la oficina ella recordaba las palabras que habíamos compartido "todo es posible y si perseveras lo lograras" entonces decidió ir a tocar puertas. En medio de la lluvia se estaciono frente a una zona departamental y cuando tocaba la puerta la gente abría y la veía empapada de agua y ella les explicaba que era una tarea que tenía que cumplir a toda costa y la gente se conmovía al ver su desempeño y responsabilidad por lo cual le decían que sí, y de las diez puertas que tocó las diez personas le permitieron dar una presentación de su producto. Antonia estaba muy feliz y vimos en su rostro una gran sonrisa la cual nos lleno de alegría y entusiasmo porque claro que si se puede y para que las cosas cambien nosotros tenemos que cambiar.

Debemos de compartir con entusiasmo y hacer a un lado los problemas. Fijar nuestra mirada al frente lo cual significa que tu visión no sea afectada al distraerte con circunstancias difíciles en tu vida sino al contrario que las cosas difíciles que estés pasando sea el motivo para levantarte y salir adelante. Cambiar todo lo que sabes que te ha estado haciendo daño ya que no necesitamos que alguien venga y nos diga nuestras debilidades ya que nosotros mismos nos conocemos y sabemos qué es lo que nos está perjudicando y lo que tenemos que hacer a un lado. En el caso de Antonia era la rudeza de su cara lo que le afectaba. Por lo cual formar una sonrisa cambió por completo la imagen que cualquier persona podía haberse hecho al respecto de Antonia. En otros casos puede estar afectando un carácter explosivo o la desesperación, la impaciencia, la falta de fe, la negatividad, la soberbia, la altivez, la arrogancia, la depresión, la ansiedad y muchas cosas más que sólo tienen que ver con carácter y estados de ánimo. Por lo cual queda completamente descartado que una persona no pueda salir adelante por falta de automóvil, de dinero, o discapacidad física. La discapacidad más fuerte que pueda tener una persona es la falta de soñar y creer.

Capitulo 4

UNA MIRADA LO DICE TODO

Una Mirada puede hacer callar, hablar, reír, motivar, o desanimar a una o muchas personas.

Dicen que los ojos son la ventana del alma ya que según la mirada de las personas podemos percibir sus intenciones y asumir lo que está pensando. Aunque esto no es tan cierto ya que una persona astuta puede fingir una mirada apacible aunque sus intenciones sean terribles. Pero entendemos la importancia de conducir nuestra mirada hacia las personas. En ejemplo hay personas que con su mirada parecieran tener integrado un rayo laser que recorre a otra persona desde los pies hasta la cabeza y eso a nadie le gusta pues estamos hablando de liderazgo y conducción a futuros prospectos. Para hacer crecer una organización respetuosa y no una academia de modelaje o audiciones para estrellas de cine. Debemos tener cuidado en a donde dirigimos la mirada. Es terrible encontrarse con personas pocas o nada respetuosas que aunque vistan un elegante traje sastre estilo empresarial dirijan su mirada a partes íntimas del cuerpo de una mujer o de un hombre. Cuando un hombre o mujer llega a actuar de esa manera debe ser exhortado para que no afecte el grupo ya que por causa de una persona todo el grupo puede verse afectado. Y así mismo una buena atención y una mirada agradable y amistosa que en todo tiempo muestre respeto, podrá ayudar a que el grupo crezca a causa de la confianza reflejada.

Mi esposo ha tenido un negocio de Soldadura por más de dieciocho años y cuando contrata a los empleados siempre pongo atención al respeto que muestran con su mirada y si alguno se muestra irrespetuoso queda completamente descalificado para ser contratado; Ya que si no tiene la pertinencia de controlar su mirada no podrá controlar nada mas de su carácter y podría causar problemas a la compañía. Por lo cual la ética de conducta de una persona que se desempeña en un trabajo debe ser siempre cuidada y de buen testimonio porque dice la palabra de Dios que un poco de levadura leuda toda la masa. En una ocasión cuando nos encontrábamos en otro estado de los Estados Unidos mi esposo y Yo buscábamos una Iglesia donde congregarnos y decidimos iniciar visitando varias Iglesias cerca de nuestra casa. Llegamos a un Iglesia y al entrar no hubo nadie que tomara nuestros nombres y solo pasamos y nos sentamos, alguna personas nos volteaban a ver con una mirada indiferente y así terminó el servicio y salimos de ahí sin haber sido saludados, completamente desapercibidos por los lideres, por lo cual decidimos buscar otro lugar para visitar. Y un día llegando a otra Iglesia cuando entramos varias personas no veían y se acercaban a recibirnos de una manera muy amable y cordial. Tomaron nuestros nombres y nos dieron la bienvenida. Definitivamente esa armonía de convivencia nos conquistó y decidimos congregarnos en esa Iglesia. Se de algunos lugares donde se esmeran tanto por los nuevos visitantes que hasta entregan una tarjetita de bienvenida y algunos otros hasta les reciben con unas galletitas o refrigerio después del servicio. Es muy bonito llegar a un lugar y encontrar a gente que te mira de una manera cordial por lo que como ya sabemos todo se hace duplicable y beneficia a todo el grupo.

Las personas son muy receptivas a las miradas de los exponentes en público y así mismo detectaran si se les está mintiendo cosa que a nadie le gusta. Así que lo mejor es ser honesto en todo momento y si alguien hace una pregunta y el líder desconoce la respuesta no se debe de preocupar por pensar que quedará como una persona sin conocimiento e incapaz de enseñar, sino que con amabilidad y una sonrisa cordial se le debe decir a esa persona que su pregunta es muy especial y que por el momento no tiene la respuesta, pero sin duda alguna investigara para satisfacer la necesidad de su cuestión y agradecer de antemano su participación; misma que ayuda al crecimiento y conocimiento del grupo. Y así continuar con su clase sin permitir seguir siendo interrumpido por la persona de la pregunta anterior, ya que sabemos que hay quienes pretenden tener la atención de toda la gente y muchas veces ni ellos saben la razón de sus preguntas pues solo tratan de llamar la atención. Pero no olvide contestar con sabiduría y si la persona nuevamente hace más preguntas diríjase amablemente a ella y pídale que por favor haga una lista de preguntas e inquietudes y se la entregue al final de la enseñanza, ya que no quiere perder el seguimiento de lo que se preparo. Si la persona insiste nuevamente, usted sonría y haga una señal con a la persona con la palma de su mano donde le pide que espere, y continúe usted con su clase. Es difícil enfrentar este tipo de situación pero es más común de lo que se pueda pensar. Recuerde que la mirada de las demás personas siempre estará sobre el líder y la reacción de este dejará mucho que decir de él. La meta es que se vea su capacidad de dirección de su grupo. En algunas ocasiones una mirada acompañada de un silencio puede ayudar a callar a dos o tres personas que están platicando entre ellas mientras que usted está exponiendo un tema; ya que al mirar fijamente a las personas que están murmurando, el silencio les llamará la atención y el resto del grupo volteará su mirada hacia las personas que están platicando. Una mirada puede hacer callar, hablar, reír o motivar a una o muchas personas. La gesticulación ha sido de suma importancia en una clase o en una exposición y si esta misma viene acompañada del movimiento corporal tendrá un gran éxito de atención. Cuando un líder está exponiendo y usa la gesticulación podrá ver como las personas le están siguiendo y al mismo tiempo mientras está hablando puede caminar de un lado al otro y usar sus manos para describir, de esta manera será difícil que las personas dejen de atender a su enseñanza. Ayudar a la gente a echar a volar la imaginación mantendrá el ánimo y la enseñanza no se olvidará ya que será mucho más fácil que se haya retenido todo lo que se enseñó. En ejemplo una maestra de niños de tres a seis años de edad deberá ser sumamente expresiva para poder mantener la atención de los niños o de lo contrario los niños se querrán ir a jugar o con sus Padres. En el capitulo anterior les hablaba de una Doctora de muy buen carácter pero cabe mencionar que en cierta ocasión mientras esperaba mi turno para ser atendida, vi cuando la doctora salía muy sonriente despidiéndose de su paciente, y al cerrar la puerta veo como cambia su semblante drásticamente. Después de verla sumamente feliz en su despedida del paciente su rostro se torno a un rostro cansado mostrando una gran fatiga. Vi como antes de entrar al cuarto de enseguida tomo aire respirando profundamente y rápidamente se formó nuevamente esa gran sonrisa en su rostro, y entró al siguiente cuarto saludando con mucho entusiasmo al otro paciente. Cuando la Doctora entraba a un cuarto parecía que traía una luz irradiante pues lo llenaba de alegría y esa era la razón por la que los pacientes siempre la pedían a ella. Cuando me pasaron a mi cuarto le pregunte a la enfermera si la Doctora había estado en la clínica desde la mañana ya que mi cita fue a las 2 de la tarde y para mi sorpresa la enfermera me dice que la doctora trabajó el tercer turno en el hospital a causa de unas cirugías, y que del hospital se dirigió a la clínica para atender a sus pacientes. La Doctora estaba muy cansada pues no había dormido pero eso no le impedía dar lo mejo de si a sus pacientes y aunque el cansancio era agotador para su cuerpo, siempre daba un respiro profundo para tomar las fuerzas y dar lo mejor de si. Esto tiene un nombre y se llama pasión y amor por las personas. El líder debe tener esa pasión y ese amor por sus seguidores y dar lo mejor de sí en todo momento. Ser un líder no es fácil pero de algo puede estar seguro que es muy gratificante servir. Así que le reto a dar la mejor sonrisa en todo momento y que su mirada sea confiable en todo tiempo. Hay mucha gente que necesita de un líder responsable y apasionado por ayudar, así como usted.

Capitulo 5

UNA MANO AMIGA

> *Cuando el líder busca el beneficio de sus seguidores tendrá como resultado un excelente fruto de su trabajo.*

Un líder deberá ser un amigo, y un amigo es aquel que se preocupa por las personas, las escucha y da un buen consejo. Un buen amigo no juzga sino que trata de entender a la persona y dar una solución a cualquier problema que se esté enfrentando. Un buen amigo no es egoísta pues cuando una persona tiene una inquietud o preocupación siempre buscara la manera de ayudarle. El líder debe ser como un amigo y buscar el beneficio de las personas que esta liderando. Cuando el líder busca el beneficio de sus seguidores encontrará como resultado una buena respuesta de su grupo y un excelente fruto de su trabajo. Es importante que siempre se sea sincero ya que se debe entender que el líder también tiene asuntos privados que arreglar por lo cual el mostrar plena sinceridad a su organización ayudara a que se valore su sacrificio y su grupo sea comprensible y de apoyo al mismo líder cuando se esté indispuesto para atender. El líder debe ser una persona que mantiene un equilibrio en su vida personal y laboral pues lo que sus seguidores encontraran en él será un ejemplo a seguir. Cuando una persona llega a su organización siempre esta en busca de algo que le ayude a suplir la necesidad que esta experimentando. Por lo cual el líder debe estar informado de las circunstancias que trajeron a esa persona a la organización. El líder además de escuchar o estar enterado de la situación que enfrenta el nuevo miembro del grupo es importante que estudie una manera de apoyo o ayuda para poder brindar a la persona la confianza que esta esperando, pero recordemos que lo mas valioso en esa persona es el haber encontrado a gente que se preocupa por ella y busca una solución para ayudarle, así que es de suma importancia no defraudar la confianza que se esta depositando en el nuevo miembro de la organización. La amistad es muy preciada ya que en ella se encuentra el ánimo de las personas, por lo que en la Biblia nos habla de la amistad que fortalece y la amistad que Dios nos enseña en su palabra.

Y se cumplió la escritura que dice: Abraham creyó a Dios y le fue contado por justicia, y fue llamado amigo de Dios. Santiago 2:23

El perfume y el incienso alegran el corazón; la dulzura de la amistad fortalece el animo Proverbios 27:9

También encontramos en la Biblia un ejemplo de la mala amistad o mejor dicho la falsa amistad. Una falsa amistad es la que se genera en la soberbia y egoísmo. Donde las personas buscan su conveniencia no importando lo que suceda a las demás personas. Debemos tener mucho cuidado de las malas amistades mismas que corrompen y afectan como un cáncer una organización, llevándola a la destrucción. La Biblia nos habla de como es que cuando alguna persona es importante o posee grandes riquezas le sobran los amigos, pero cuando esa persona llega a pasar por un problema y pierde toda su fortuna sus falsos amigos desaparecen tan rápido como desapareció su fortuna. También nos explica la Biblia que el tener una gran cantidad de amigos puede afectar significativamente a una

persona y lo dice refiriéndose a la falsa amistad ya que la falsa
a mistad de muchas personas terminan llevando a la ruina al
amigo rico. Hay mucha gente que ha dejado de creer en la
amistad a causa de la hipocresía y falsedad. Sin embargo se debe
entender que no todas las personas son iguales y para encontrar
buenas amistades se debe ser una persona sincera que proyecte
su autenticidad y de esa manera la gente podrá percibir su
sinceridad y desearan tener su genuina amistad. Ganar amigos
y seguidores con un buen carácter una apacible sonrisa y un
oído atento a sus necesidades que además busca la solución en
equipo de los problemas que afecten a la organización, dará
por gran resultado un equipo exitoso. Doctrinar a una persona
es hacerla imitadora de sus actos por lo cual el grupo entero
se caracterizara con la misma actitud del líder, por lo cual la
pregunta es; ¿Cómo le gustaría que fuera su equipo, grupo
u organización? ¿Amigables, sinceros, entusiastas, amables,
esforzados, destacados? Todo dependerá de su actitud y ejemplo.
Podríamos decir que lo que habla la biblia acerca de la vara con
la que midas serás medido no se refiere a lo que la mayoría
de las personas han interpretado enlazando estas palabras a la
venganza; sino que todo lo que se hace tiene consecuencias
y en una de ellas podemos ver que un carácter engendrara
ese mismo carácter en su alrededor, por lo cual la manera de
ser de uno mismo será el ejemplo y testimonio de nuestra
personalidad misma que como lideres se estarán multiplicando
manera de pensar y actuar similares a las del líder así que si
queremos que un árbol de naranjas debemos sembrar semillas
de naranjas. Si Queremos que se nos aprecie y tener amistades
verdaderas y duraderas debemos de brindar una amistad
genuina desde el primer momento en el que se nos presente
una persona. Cuando una amistad es afectada por calumnias
o mal entendidos solo podemos darnos cuenta que la falta de
comunicación fue la causa primordial de esa ruptura. Así que
una recomendación fundamental entre un líder y su grupo
u organización será siempre la comunicación. Cuando Un
líder deja por claro su ética profesional, su lealtad y su amistad

genuina; difícilmente un miembro de su organización permitirá que alguien mas venga a hablar un falso testimonio del líder, y es de gran estima ver a miembros de la organización mostrando su lealtad y estima hacia el líder. Cuando leemos la Biblia y vemos como es que a Abraham sele distinguió como un amigo de Dios y como le fue contado por justicia el haberle creído a Dios, aprendemos que el miembro de la organización que demuestra su lealtad a su líder esta mostrando su confianza y su justo juicio al desempeñarse conforme a la guianza de su líder. También habla la biblia de como un buen amigo viene siendo tan amado y apreciado como un hermano y es por su aprecio y cariño que se llega a ese nivel de amistad por lo cual nunca deberá romperse esa confianza y respeto mutuo y evitar a toda costa la desilusión o decepción al quebrantar la lealtad que se impuso en ambas partes ya que un buen amigo estará siempre en las buenas y en las malas situaciones de la vida. Cuando hay un trato de amistad se tendrá como consecuencia la unión del grupo y el apoyo de todos y esa es la meta de un líder el ver a su organización conviviendo y apoyándose para el beneficio y crecimiento de la misma.

Los socios fieles son de gran estima para el líder pues cuando alguna situación se ha salido de control se puede ver a ese socio que es un gran amigo apoyando a su líder ya que no siempre tiene que ser el líder quien este dando la continua motivación y apoyo al grupo u organización. Recordemos como Josué y Caleb sostenían los brazos de Moisés los cuales al estar levantados mostraban la victoria de Pueblo de Dios y sabiendo que si sus brazos bajaban los llevaría a la derrota pero Moisés no pudiendo mantener mas sus brazos levantados a causa del cansancio físico, Josué y Caleb se mantenían firmes en su anhelo en el servicio y apoyo de su líder y sostenían los brazos de Moisés por lo cual estaban en Victoria. Esto nos hace notar el trabajo en equipo que se puede lograr mostrando un liderazgo que sabe ser de bendición a su equipo u organización y en los momentos difíciles siempre habrá Josues y Calebs que estén dispuestos a dar el apoyo necesario en agradecimiento y reconocimiento al líder que ha sido de buen ejemplo y testimonio. La verdadera amistad es difícil de encontrar pero es aun más difícil mantener por lo cual se deberá ser cauteloso en todo tiempo y conocer a las personas que se están liderando. El líder se enfrenta a un reto mayor que el de un Padre de familia ya que el líder debe estar al pendiente de toda su organización, es como el Padre de muchas personas pero jamás deberá olvidar que su prioridad siempre deberá ser su familia antes que su organización pues seria de mal ejemplo y no se podría liderar y cuidar de quien no es su familia si no se ha cuidado con sabiduría de quien si la es. Por lo cual insto a todos los lideres a dar el tiempo y amor que su familia necesita ya que si esta en buen estado su comunicación con su familia esta misma será de gran apoyo para poder desarrollar su liderazgo. Ame, abrace y disfrute con toda plenitud de su familia si es que la tiene y después con esa paz que le caracterizara como buen líder en su hogar salga y de ese amor y sabiduría que Dios le ha permitido para ser de bendición a muchas personas buscando que todos sean bendecidos tal y como lo es Usted.

Capitulo 6

EL DECORO Y EL RESPETO

> *El Decoro apropiado en la vestimenta es sumamente importante ya que muestra el valor y respeto por lo que se esta haciendo.*

Sin duda alguna, este tema termina siendo controversial ya que hoy en día muchos lideres planean ganarse la confianza de su grupo con una manera de vestir en la que la gente se sienta cómoda y tengan libertad de tratar con mas confianza al líder. Entonces, líderes buscan vestir más cómodos o de la misma manera que su organización sin buscar ninguna distinción. Pero el líder es un representante con autoridad que debe hacer notar su criterio de conocimiento y capacidad en el liderazgo por lo cual es de suma importancia que se destaque en su postura su conducta y su manera de vestir. Sabemos que mucha gente se deja guiar por lo que ve y si ve a un líder vestido de una manera mucho muy casual no sele toma en cuenta pues a simple vista juzgan por la apariencia el liderazgo de la persona.

Les daré un ejemplo muy común de este tema tan importante. Una vez mientras impartía un tema de autoestima vi a una mujer que estaba sentada en la primera línea de las bancas de la Iglesia y vestía sandalias casuales con las que podría ir a la playa e introducirlas al agua, Yo veía a la mujer muy incomoda en la Iglesia y con una conducta apática hacia las demás mujeres. Asimile que era nueva en esa congregación pues observaba de pies a cabeza a cada mujer que se encontraba en la Iglesia. Era tanta la incomodidad que reflejaba en su rostro que cuando termine de dar la conferencia me acerque a saludar a varias personas pero tenia la intención de llegar a aquella mujer que necesitaba ayuda pues se veía inquieta e incomoda. Sin embargo la perdí de vista y ya estando en el comedor, nos empezaron a servir un refrigerio para convivir todas las mujeres qué habían asistido a la conferencia. En eso vi entrar a aquella mujer que vestía de playera despintada, pantalones cortos, y sandalias de playa. Cuando aquella mujer se acerca a servir mi comida, la pastora de la Iglesia me presenta con esa mujer y me dice que ella es la líder de las mujeres de su congregación y me pide orar por ella ya que no se lleva bien con la mayoría de las mujeres de esa congregación. Yo me asombre y le pregunte por el tiempo que tenia liderando al grupo de mujeres y como fue que obtuvo su posición como líder para así buscar que fue lo que afecto para que varias mujeres no quisieran trabajar con ella. Aunque a simple vista podía darme cuenta de que su actitud afectaba significativamente su liderazgo, pero quería escuchar como fue que se postulo como líder. Ella me explica que la pastora pidió que la mujer que sintiera el deseo de trabajar como líder del grupo de mujeres se pusiera de pie y premiarían su valentía y deseo de trabajar. Me comentaron que el día de las elecciones de la mesa directiva hacia mucho frio y estaba lloviendo así que solo asistieron 5 hermanas de la Iglesia. De las cinco, tres eran ancianas y les era difícil dedicar tiempo y la otra era su hija así que ella se puso de pie y logro el voto de las demás mujeres. Me dijo que mucha gente la juzgaba por su manera de vestir y que a ella no le importaba, pues la ropa no tiene importancia. Yo le pregunte que si alguien hubiera llegado con una micro minifalda y un escote muy pronunciado y se pusiera al frente a enseñar acerca de santidad y el buen vestir y les diría que todas deben llegar a la Iglesia vestidas de la misma manera, ¿ella aceptaría? Y ella con una mirada sorprendida me dijo con voz aguda y alterada "No, de ninguna manera." Le conteste diciéndole, "Entonces la vestimenta si es importante y el demostrar seriedad, y valor a lo que se esta haciendo." Y ella me contestó que nunca lo había visto de esa manera y que estaba dispuesta a hacer lo necesario por cambiar y que no quería perder el liderazgo. La pastora me dijo que la aceptaron como líder porque tenia mucho conocimiento bíblico y seria de gran ayuda a la Iglesia pero no se atrevía a pedirle que vistiera mas formal pues no quería hacerla sentir mal. Ese día le dimos algunos consejos de como se veía muy bonita y presentable al vestir adecuadamente para servir en la Iglesia desarrollando su liderazgo y resaltamos en ella sus virtudes y su bonita sonrisa la cual había escondido a causa de lo mal que se sentía por el rechazo que mostraban algunas hermanas. A la siguiente semana recibí una llamada de esa hermanita que vestía en pantalones cortos y me dijo que estaba muy contenta pues el domingo llego a la Iglesia con su nuevo cambio de imagen en el cual la pastora le ayudo llevándola a un salón de belleza donde le hicieron un corte de cabello y además le regalaron unos hermosos conjuntos de trajes sastres. Ella me comento que el domingo nadie la conocía en la Iglesia y que al entrar la recibían muy amables hasta cuando ya le veían fijamente a la cara se asombraban y se emocionaban las hermanas dándole un fuerte abrazo de felicidad al ver el cambio impresionante. La hermana me comento que ese día se dio cuenta de que las hermanas si la querían y que todas estaban muy felices y no dejaban de mostrar su alegría. La hermana me dijo llorando que ese día fue un día muy especial y ella le agradece a Dios por permitirle servir en la Iglesia y por ser de buen ejemplo pues ya algunas hermanas empezaban a vestir como ella y llegaban todas con sus trajes sastres. Me dijo que la Iglesia se veía tan bonita con tan bonitas hijas de Dios vestidas como lo que son unas princesas hijas del Rey de Reyes y Señor de señores. Que gozo haber escuchado esas hermosas palabras. La imagen del líder es fundamental para demostrar su profesionalismo y el Respeto a si mismo deberá ser manifestado ya que para poder darse a respetar se debe respetar a si mismo y no caer en la trampa de la perdida del decoro.

Lamentablemente en la mayoría sino que en todos los casos de liderazgo siempre se encontraran con una persona que malinterprete la cordialidad y la buena atención y dará rienda suelta a su imaginación pensando que las buenas atenciones del líder llevan la intención de cortejarle y ese tipo de personas siempre traen problemas sino se aclara el malentendido. El líder deberá tener cuidado y dar el mismo trato amable a todas las personas evitando hacer disensión ya que la disensión acarrea celos y contienda y por lo regular las personas que son tratadas con mas atención que a otras siempre terminan yéndose cuando sienten que ya no seles trata igual o cuando quieren aprovecharse y pedir privilegios que le diferencien de los demás. El consentir a una persona por causa de un potencial que seria de gran beneficio a la organización podría arruinar el crecimiento en lugar de ayudarlo. La biblia nos habla de que el Padre que es consentidor y da de más a su hijo acarreara problemas en la vida del hijo. Por lo cual lo mismo sucederá si no se tiene conciencia de que la distinción y consentir afectan considerablemente a una persona.

Una persona que se viste indecorosamente perturbara la organización. En ejemplo una mujer de vestimenta seductora afectara a los caballeros que tienden a ser débiles en cordura y podría llegar a ser una piedra de tropiezo. Si una mujer de falda muy corta desea participar en un estrado, sus piernas quedarían más expuestas de lo que ya estaban y eso no mostraría respeto. Un ejemplo muy claro, si una persona es invitada a tener una reunión con el presidente del País donde se tocaran temas políticos, esa persona invitada tendría que cuidar su vestimenta y proyectar respeto y decoro; Aun más si se encuentra en una organización religiosa o empresarial. Todo tiene su tiempo y hay tiempo para vestir casualmente, deportivamente, elegantemente, etc. Pero como el tema en el que nos estamos concentrando es el liderazgo se debe valorar su desarrollo profesional y vestir adecuadamente y como líder se debe tener la autoridad para enseñar acerca de estos temas que muchos temen tocar por temor a que su organización se quede sola, pero mi pregunta es ¿Se esta buscando calidad y fruto o se esta buscando enseñar la verdad y vivir sabiamente?

En una ocasión me invitaron a una Iglesia para impartir temas para la mujer y en ellos me pidieron tener relevancia en la manera de vestir y pregunte en que querían que hiciera énfasis y me explicaron que tenían muchos problemas ya que varias jóvenes empezaron a asistir a la Iglesia vestidas con blusas cortas que mostraban su abdomen y pantalones de maya como los que usan para hacer ejercicios y me explicaban que los lideres esperaban que las jóvenes nuevas fueran cambiando su manera de vestir pero lejos de que cambiaran ellas, mas jóvenes de la Iglesia se empezaron a vestir de la misma manera y llego el momento donde no se sabia si era una Iglesia o un gimnasio de ejercicios. El Pastor se reunió con la mesa directiva y decidieron prohibir todo tipo de pantalón usado por las mujeres pues tuvieron que generalizar para poder hacer un cambio en la vestimenta de las jóvenes. Pero no imaginaban que de nada serviría pues las mismas jóvenes nuevas llegaron con unas faldas largas que casi cubrían sus zapatos pero esas faldas eran de la misma tela de los pantalones que usaban y estaban tan entalladas que permitían que su ropa interior se hiciera visible. Los líderes ya no sabían que hacer por lo cual pensaron en invitar a alguien para dar un seminario para las mujeres y poder enseñar lo que es vestir decorosamente. Así que tuvimos que hablar del respeto y las consecuencias de una vestimenta inapropiada en una mujer y en un hombre. El tema principal fue la comunión con Dios, la llenura de su presencia y la santidad sin la cual nadie vera al Señor. Las personas solo buscan estar a la moda y se puede hacer solo que hay tantas modas que lo único que se tiene que hacer es ser sabios al momento de comprar la ropa y saber que la belleza de una mujer no esta en lo mucho que muestra físicamente sino en lo mucho que vale moralmente. A muchos hombres les gusta ver mujeres vestidas de manera indecorosa pero jamás permitirían que sus hijas u esposa vistieran de la misma manera, por lo cual se debe mostrar el mismo respeto hacia todas las mujeres y no hacer lo que no les gustaría que les hicieran. Enseñemos a amar valorar y respetar, siempre se requerirá ser un buen ejemplo para lograrlo. Hombres respeten a sus esposas a sus hijas y a todas las mujeres. Mujeres dense a respetar valórense y sean felices, son hijas de Un rey y como princesas decorosas y responsables es necesario comportarse.

Capitulo 7

LOS SENTIDOS DEL LIDER

> *El sentido del olfato puede llegar a perturbar los otros*
> *cuatro sentidos y hacer perder la concentración ocasionando*
> *una total distracción.*

Siempre hablamos de los cinco sentidos dentro del desarrollo del liderazgo y sabemos la importancia de la vista del líder, su mirada tiene gran impacto en su liderazgo, su oído deberá estar bien atento para escuchar, su boca para hablar y enseñar, el tacto para saludar cordialmente y con su ademanes facilitar la enseñanza, pero ¿Que pasa cuando llegamos al sentido del olfato? Que raro es poder hablar del sentido del olfato, pareciera que nada tiene que ver con el liderazgo y que en nada podría ayudar o afectar. Pero no es así, ya que la realidad es que el sentido del olfato es sumamente importante ya que todos los miembros de la organización podrían perder la total atención de la enseñanza del líder a causa del sentido del olfato.

Es impresionante como puedes perder la atención de tu organización y difícilmente poder retomarla ya que se ha comprobado que el sentido del olfato es capaz de perturbar los otro cuatro sentidos. Y les daré algunos ejemplos de como este sentido puede controlar a toda una organización.

Que sucedería si en plena exposición del líder la tubería del drenaje del baño se rompiera y empezara a brotar las aguas negras del drenaje y con ello toda la suciedad que guardaba en el. Aunque los baños estuvieran alejados el olor entraría y penetraría el lugar y la gente inmediatamente se distraería y no podría poner atención pues sus otros sentidos se ven afectados y pierde su concentración. La atención se perdería como el apetito del mas hambriento a causa de las nauseas provocadas por el terrible olor. Aunque el ejemplo fue drástico y poco común gracias a Dios. Le daré otro ejemplo pero esta vez será todo lo contrario, imagínese que esta impartiendo una enseñanza y su organización no ha comido o no ha almorzado o simplemente el tiempo de los alimentos esta dentro del tiempo de su enseñanza. Si alguien empezara a cocinar cerca del lugar de reunión y el olor de la comida es tan gratificante, las personas empiezan a oler la comida y sus ácidos gástricos empiezan a trabajar a causa de la señal que el olfato provocó en el cerebro mismo que mando la señal de hora de comer al estomago, y las personas empiezan a imaginar la comida que se esta preparando y aunque si les preguntara que imaginan que se esta preparando muchos darían diferentes respuestas de acuerdo con sus gustos alimenticios pero es un hecho que todos estarán pensando en comida y en cuanto tiempo se termina la exposición del líder. Los minutos se pasan tan lentos y son tan largos pues la impaciencia se hace notar a causa del agudo apetito que fue alterado por los olores de la comida que se esta preparando. Por lo cual se debe ser sabio para elegir las horas de enseñanza y el lugar donde se impartirán para que de esa manera el sentido del olfato no afecte. Y para cerrar el tema daré la ultima distracción común a causa del olfato y son los olores de las lociones o perfumes usados por el líder o por uno de los miembros que estando tan acostumbrados a su loción llegan a acostumbrarse de tal manera que cada vez usan mayor cantidad de perfume y termina afectando el sentido del olfato que en muchas ocasiones acarrea mareos en las demás personas, por eso se recomienda variar en las fragancias para no acostumbrarse y abusar del perfume. Es tan importante el sentido del olfato que podemos encontrar en la Biblia como La oración del cristiano debe ser como olor fragante llegando a la presencia de Dios. Preparar un ambiente agradable es una tarea que se deberá dar a una persona en quien se puede confiar sabiendo que es apta para llevar a cabo las tareas impuestas, y podrá llevar a cabo con éxito sus responsabilidades. Olores agradables y suaves ayudan a un ambiente tranquilo y apto para disponerse a aprender. No es recomendable aromatizar los salones o cuartos de conferencias con fragancias dulces que promuevan el apetito. Tener una buena ambientación en la cual el olor no se interponga en la enseñanza será de gran éxito en sus reuniones.

TEMA 2
LA POSTURA DE SEGURIDAD

Capitulo 8

IDENTIDAD

> *A la gente le gusta ser liderada por personas seguras de si mismas que reconocen lo que tienen y se atreven a luchar por lo que quieren.*

Para saber lo que queremos y como llegar hacia nuestras metas debemos tener bien definida nuestra identidad. Es Necesario reconocernos como personas de éxito hacer a un lado las limitaciones y no permitir que ningún pensamiento negativo llegue a hacer nido en nuestra mente. Dios capacita a cada persona con dones ministerios y talentos en los cuales se asegura un éxito total cuando la persona los identifica y los ejerce.

Cuando un niño desea algún juguete es porque ya estuvo observando a otros niños jugando con ese juguete que el tanto desea. Y este niño empieza a soñar con ese juguete y se visualiza con el. Muchas personas tienen miedo llegar a ser exitosas por el hecho de pensar que no lo podrán hacer. La mayoría de las circunstancias que afectan a una persona haciéndola pesimista referente a su potencial de desempeño y desarrollo de algún oficio o carrera, están ligados a causa de la falta de seguridad en si mismos o alguna mala experiencia en el pasado. Por lo cual se llega a transformar en una fobia a experimentar algo diferente por el temor de fracasar nuevamente

Atiquifobia

La Atiquifobia se define como miedo al fracaso, a equivocarse o a cometer errores. Cuando hablamos de una fobia es porque se refiere a personas con un temor extremo. El temor extremo no permite que una persona pueda vivir plenamente sino que en todo momento su temor termina dominándole. Cuando una persona teme fracasar o equivocarse trata de hacer las cosas lo mejor posible. Se exige demasiado que cada vez se equívoca más. Y es que la razón de tratar de ser perfeccionista pudo haber sido fundada por padres exigentes o estrictos y en algunos casos donde los padres no tuvieron nada que ver en esto. Podemos ver como algunos maestros afectaron la conducta de los alumnos trabajando con ellos con una actitud demasiado exigente y lejos de ayudar a que el niño lo haga bien puede terminar afectándole con un temor que le impedirá sentirse seguro de lo que hace y además el no permitirse equivocarse pues lo vera como si fuera una persona sin capacidades para hacer las cosas bien, y ese problema de conducta puede afectarle el resto de su vida si no recibe la ayuda necesaria. Todas las personas somos imperfectas y debemos asumirlo y saber que la practica hace al maestro. Todo tiene su tiempo por lo cual se lleva un proceso para lograr el éxito. Nadie puede asumir subir una escalera de cincuenta escalones de solo un salto pues sabemos que será imposible. ¿Que es lo que le sucede a un niño que por primera vez sube una escalera? Al principio busca como subir al escalon y después se da cuenta de que necesita implicar la fuerza para subir una pierna y después la otra. En algunas ocasiones suelen resbalar del primer o segundo escalón y aunque le atemorizo, lo vuelve a intentar. Pero en casos extremos hay niños que resbalan y al caer reciben un golpe el cual les causo mucho dolor pero después de llorar por un tiempo y haber recibido la atención necesaria uno pensaría que el niño no volverá a subir esos escalones. Pero la gran sorpresa es que el niño vuelve a ir a la escalera y nuevamente empieza a subir como si su memoria se hubiera borrado y ya no recordara que de esa misma escalera resbalo y sufrió un fuerte golpe. Pero lo que sucede es que Dios nos hizo con la capacidad de ser vencedores y poder volver a levantarnos y lograr nuestros objetivos. Dios deposito en cada persona la semilla del éxito por lo cual nuestra tarea o responsabilidad es el regar esa semilla y cuidarla para que crezca y de fruto y cuidar mucho de ese árbol pues sabemos que aun los arboles mas frondosos y de troncos gruesos y fuertes, pasan por circunstancias adversas y muchas veces terminan sin hojas. Pero esos arboles vuelven a llenarse de hojas y continúan su crecimiento y siguen dando de esas sombras a causa de que en su naturaleza esta el reverdecer. Así es que si un árbol fue capacitado para reverdecer imagínense una persona que fue hecha a imagen y semejanza de Dios. La capacidad de salir adelante en todo tiempo victorioso ha sido dada por Dios. Por lo que jamás debe contemplarse la idea de darse por vencido, recuerde que somos más que vencedores por medio de aquel que nos amo.

Mi hija mayor recibía muchos elogios por la capacidad que tenia para desempeñarse en la escuela. Siempre ha sido muy inteligente. Pero cuando ella estaba en la primaria hacia sus tareas escolares con el mayor cuidado posible. Se hizo una niña muy perfeccionista lo cual le trajo muchos problemas pues cuando se busca la perfección nunca se esta satisfecho. Ella empezaba sus tareas y al ver alguna letra un poco inclinada, tomaba el borrados y eliminaba esa letra y escribía nuevamente pero cuando veía que no estaba muy bonita la palabra escrita volvía a borrarla y así pasaba un buen tiempo tratando de escribir muy bonito pero después de tanto borrar su trabajo se venia sucio a causa de las manchas que dejaba con el borrador y su trabajo terminaba mas tarde que el de otras amiguitas. Ella aprendió que lo mejor no es dar una presentación impresionante sino ser verdaderamente quien es. Sin temor a equivocarse siempre dando lo mejor de si lo cual esta en un carácter feliz y agradable lleno de Armonía, paz y amor. En lugar de estar preocupado afanado o estresado por hacer algo perfecto se debe aceptar tal y cual es y proyectar esa seguridad que las personas percibirán. A la gente le gusta estar liderada por personas seguras de si mismas, que saben lo que quieren y saben lo que tienen. Cuando un Padre ve que su hijo esta seguro de el amor y el apoyo de su padre y sabe que puede estar confiado en el cuidado que su Padre le brinda. Este Padre estará muy orgulloso de tener un hijo que sabe cuanto es amado y que su seguridad esta en el amor que ha recibido. Pero siendo así lo contrario que a un Padre le puede entristecer saber que su hijo le tiene en poca estima y que no cree ni en su Padre ni en si mismo. Un líder debe ser capaz de ayudar a las personas a enfrentar sus temores y vivir sin ataduras que complican la vida de los miembros de su organización. La experiencia lleva a las personas a ser cada vez mejores en lo que se están desempeñando. Cuando a un niño le inician enseñando las tablas de multiplicación siempre inician con la tabla del uno y después la del dos y así sucesivamente por lo cual es importante saber que se podrá vencer cada reto al que se este enfrentando recordando que Dios no ha dado un espíritu de poder amor y dominio propio por lo cual nos ha capacitado para vencer todo temor que se presente en la vida de cualquier persona. Dios no hizo a ninguna persona con espíritu de temor sino que al contrario, el espíritu de temor termina afectando la fe y la seguridad de las personas. NO es fácil enfrentar los temores pues en algunas personas desde niños vienen luchando con uno o más temores pero Dios nos insta a que nos esforcemos y seamos valientes. Que no temamos ni desmayemos. Por lo cual entendemos que lo primero que tenemos que hacer es esforzarnos, lo cual implica un sacrificio que va de lo físico a lo espiritual pues tenemos que levantarnos en fe y vencer aun el cansancio y la pereza que afecta a las personas con temores. La Valentía es sumamente necesaria para no permitir que nadie nos desanime pues como cosa adrede cuando alguien decide levantarse a salir adelante y hacer a un lado los temores, nunca falta quien trate de desanimar con palabras negativas. Por lo cual será necesario alejarnos de personas negativas y juntarnos con personas positivas, no dando lugar a que nuestro oído escuche palabras de desanimo que afectan el animo de muchas personas. Cuando las cosas salgan mal o no hayan sido como se habían pensado no significa que tengamos que darnos por vencidos. No desmayes dice Dios a las personas que sienten que hasta ahí llegaron y ya se cansaron y deciden desistir. Dios alienta a que tengamos animo y veamos como el sol sale cada día y cada día son nuevas sus bendiciones y misericordias por lo cual su pasado no tiene que ser su futuro así que anímese y recuerde que a los que aman a Dios todas las cosas les ayudan para bien. Por. Por lo cual sea bueno o malo le que le haya sucedido, tome esas experiencias ya sea para dar ejemplo de cosas buenas o advertir de que no se hagan las cosas malas pues sus experiencias siempre ayudaran.

Capitulo 9

PROPOSITOS

> *Una líder con Autoridad espiritual es una persona con verdadera humildad, ya que todo el que se humilla ante Dios y se sujeta a Él, esta listo para ser de bendición a causa de su sujeción.*

La Autoridad espiritual es un tema de suma importancia que ayudara a tener el control de nuestra actitud hacia las demás personas aprendiendo a tener cuidado con no abusar de la autoridad que se brinda a una persona como líder y así mismo no permitir que se tenga por poca estima su autoridad. El líder, debe ser una persona que en todo tiempo pueda mostrar cordura y control de sus sentimientos donde el fruto del espíritu se hagan visibles para que de esta manera se pueda ser un buen ejemplo a seguir ya que el trabajo principal del líder es formar líderes. Un líder es una persona que se ha preparado profesionalmente en lo cual se podrá ver su sabiduría adquirida por los sucesos vividos. Un líder debe tener la capacidad para guiar con sabiduría y mostrando que su autoridad en su grupo u organización. Autoridad que permite que el respeto de las personas se demuestre en todo tiempo y es que el respeto que el líder debe recibir es el mismo respeto que el líder debe ganar gracias a su sabia manera de dirigirse al equipo. Respetar a su grupo u organización será la clave para que las personas vean un buen ejemplo y deseen seguir el ejemplo del líder. Nunca se debe de aprovechar de su autoridad como líder para humillar o menospreciar a una persona.

Todo líder tiene también que mostrar su sencillez y humildad humanitaria y ensenar que la soberbia y la vanidad no pueden ser parte de la personalidad de ninguna persona. Para que una persona sea líder se tuvo que haber pasado por una gran cantidad de experiencias adversas por lo cual ser líder no es solo levantarse y tomar un lugar para hablar sino que el lugar de un líder viene a ser como el lugar de un Padre. Un líder es una persona con responsabilidades que le mantienen su mente y su vida ocupada en el buscar lo mejor para su organización. Un líder se merece el respeto de su organización y no debe ser menos preciado.

Un líder tiene el deber de dar un buen ejemplo a su equipo como una persona que se sabe sujetarse a sus autoridades. En ejemplo si un líder maneja su auto no respetando los límites de velocidad estará dando un mal ejemplo a su organización con respecto de sujeción a sus autoridades correspondientes. Un líder no debe dar ideas de como evadir responsabilidades o como engañar a las autoridades pues todo será un ejemplo as seguir de sus seguidores. La Autoridad espiritual es el centro de ejemplo a seguir ya que cuando una persona muestra su sujeción a Dios podrá mostrar que es una persona confiable. Dios es la guía Suprema que todo líder debe tener para poder realizarse en todas sus labores y lograr el éxito. Cuando nos sujetamos a Dios y obedecemos tendremos por resultado la sabiduría que viene de lo alto la cual nos permitirá hacer las cosas adecuadamente con los resultados de prosperidad en todo ámbito. La Obediencia siempre será mejor que el sacrificio. Cuando un líder delega alguna responsabilidad y la persona a quien se le delego dicha responsabilidad decide cambiar la orden o encomienda que le fue dada por algo que piensa es mucho mejor y le exige mucho más sacrificio del que necesitaba hacer; la persona esta quebrantando una orden al cambiarla por su propia idea. Cuando el líder descubre que no se hizo conforme a lo que pidió se decepcionará de la falta de obediencia de su colaborador ya que el líder tenía un plan que se seguiría paso a paso pero a causa de la desobediencia de su colaborador no pudo llevarse el primer paso. Y Aunque el trabajo del colaborador fue excelente tendrá que ser sustituido por otra persona que acate las órdenes que se dieron para poder trabajar. En la Biblia encontramos como Dios hablo muy claro a Saúl cuando le dijo que se deshiciera de toda anatema sin embargo el rey Saúl desobedeció y decidió conservar el anatema que pensó seria de sacrificio a Dios como ofrenda de olor fragante. La desobediencia del rey le ocasiono muchos problemas ya que si se empieza desobedeciendo una cosa se procederá a desobedecer otra y así sucesivamente se va perdiendo en su propia opinión. En un ejemplo resiente hable con una hermana que estaba muy molesta con otra hermana de la Iglesia pues le entrego dinero para que fuera a comprar unas bases y flores para hacer unos hermosos arreglos florales para la Iglesia. La hermana llevaba el dinero suficiente para lo que le habían encargado. La líder había hecho una grafica del diseño de la decoración de la Iglesia y planeaba 10 arreglos florales de los cuales cuatro estarían al frente y los otros 6 irían a los lados pero por lo pronto encargo lo de cuatro arreglos para así comprar lo de los otros seis en el transcurso de la semana pues el evento que tendrían seria en 15 días. Cuando la hermana a quien le encargaron las flores y las bases llego con unas hermosas flores mucho mas grandes de las que la Líder le había encargado y un par de canastas con figuras de metal en las cuales hacia la silueta de una calabaza con ojos y boca. Cuando la líder vio lo que le habían llevado se sorprendió pues no era lo que había encargado y aunque las flores eran mucho mas hermosas le sorprendió que no le hubieran obedecido y peor cuando vio la canasta con la figura de calabaza con ojos y boca, misma que usan para festejos satánicos ya que dicho evento es para invocar a demonios. La colaboradora le dice a su líder que le parecieron que esas flores eran mucho mas hermosas que las que le habían encargado y que no solo no completaba la base sino que hasta puso dinero de su bolsa para poder comprar esas hermosas flores y al regresar a casa encontró una casa en la que tenían en venta varios artículos y fue ahí donde vio esas canastas con calabazas y le parecieron buenas. También expreso que tubo la idea de tapar con papel de color las figuras de las canastas así nadie las vería en la Iglesia. Cuando la líder le explica que por ningún motivo entrarían a la Iglesia ornato pagano y que además no eran solo cuatro arreglos sino diez en total y su presupuesto ya estaba organizado.

Si un Líder abusa de su Autoridad podrá ver fácilmente como su abuso se hará reciproco pues las personas podrían aguantar un poco de tiempo su imposición abusiva y le trataran de la misma manera o repentinamente se alejaran y seguirán a un líder que respete y ame a su organización.

Capitulo 10

APRENDIENDO A SOÑAR

> *Cuando permitimos que nuestra mente empiece a visualizar un sueño, nuestra vida se llena de una ilusión proyectando una luz de esperanza que nos da la confianza y va transformándose en la fe que nos lleva a hacer posible lo imposible.*

Aprovecha las oportunidades. Somos el resultado de las decisiones que tomamos, por lo cual, no tomes decisiones influenciado por el temor, guíate por el espíritu de Dios. Derriba a los enemigos con el poder de Dios, vence tus temores.

Soñar es poder visualizar un deseo o un anhelo. Cuando soñamos podemos ver que hay una gran mundo de elección para tomar lo que mas nos guste y poderle creer realizado en nuestra vida. El temor también impide el poder soñar. Cuando permitimos que nuestra mente empiece a visualizar un sueño, nuestra vida se llena de una ilusión que proyecta luz y felicidad. Cuando una persona comparte su sueño con tanta alegría, podemos ver como su mirada es diferente y su rostro se ve lleno de gozo al compartir lo que desea y por lo cual se esta esforzando.

Todos debemos de soñar y tener planes, ya que mismo Dios nos muestra en su palabra que Él tiene planes de bendición para sus hijos. Dios quiere que todos seamos bendecidos en todas las cosas. Cada persona fue hecha con la capacidad de soñar. Desde niños se nos enseña que debemos de soñar con algo. Vemos como hay niños que empiezan a visualizarse de adultos. Algunos niños sueñan con ser bomberos, otros con ser policías, otros con ser doctores y vemos como los niños empiezan a dejar volar su imaginación. Hay algunos que desean ser astronautas y viajar a la luna y empiezan a imaginarse como serian esos momentos cuando ellos pisaran la luna y se pueden visualizar vestidos de astronautas. Mientras un niño comparte su sueño podemos ser cautivados por esa expresión de alegría y felicidad y ver como su mirada se pierde dentro de su imaginación que pareciera que el niño puede estar viendo su sueño mientras que el adulto solo ve a un niño haciendo ademanes y expresando un gran gozo al compartir su sueño. Conforme va pasando el tiempo los niños van creciendo y con ellos sus sueños. Vemos como el adolecente ahora esta soñando con un auto o con la universidad a donde quiere ir a estudiar. Tristemente en ese momento las cosas empiezan a cambiar pues cuando se ve a un niño compartir su sueño algunas personas suelen reír y ver que solo son fantasías. Sin embargo cuando escuchan a un joven soñar con un gran auto o con asistir e una reconocida universidad, hay quienes lejos de apoyarle solo tratan de desanimarle. Muchas personas desaniman al que sueña tomando en cuenta sus malas experiencias. Pero los problemas que alguien allá tenido no son los problemas que todas las personas tienen que tener. Nunca se debe desanimar a una persona en respecto a sus sueños. Toda la gente tiene el derecho y la capacidad de soñar y no solo eso sino que también están capacitados para hacer sus sueños realidad. Para Dios no hay imposibles y Él quiere que reconozcamos que todo el que cree en Dios podrá tener la seguridad de que todo le podrá ser posible. Solo tenemos que creer y apoyar al que tiene un sueño pues le esta creyendo a Dios y esta creyendo en si mismo reconociendo su capacidad para lograrlo pues el creer nos otorga esa capacidad. Dice la Biblia que para el que cree todas las cosas le son posibles. Las personas que han permitido que su corazón haya sido endurecido son las personas que dejan de soñar. Otras personas que no pudieron ver sus sueños hechos realidad a causa de la duda o el temor, empiezan a cambiar tanto su perspectiva de la vida y se vuelven tan fríos y sin animo. Muchas personas con el corazón endurecido son victimas de la envidia misma que se desarrolla al ver que hay personas que alimentan sus sueños y no se dan por vencidos. Hay quienes se aferran por hacer que los sueños de otras personas se vean frustrados al desalentarles y terminar siendo piedras de tropiezo. La envidia es muy peligrosa cuando una persona expone sus sueños. Hay tanta gente que a causa de un mal consejo decidió desistir de sus sueños habiendo tenido todo el potencial para haberlos logrado. Se debe tener mucho cuidado con quien compartimos nuestros sueños. El desaliento de las personas lastima drásticamente al que tiene un sueño y mucho más cuando esas personas son seres queridos. Algunos familiares hacen desistir a una persona de soñar a causa de que el temor les invade y se volvieron cautivos de sus fracasos y tienen tanto miedo de que su familiar pase por el mismo dolor, por lo cual recurren a desalentarle para que no siga soñando y de esa manera evitarle el dolor de la decepción. Pero no toman en cuenta que si a ellos les paso una mala experiencia se debe de investigar que fue lo que sucedió e impidió que sus sueños se hicieran realidad y de esa manera poder ayudar al que esta soñando para que no cometa los mismos errores. Pero jamás desanimarle de hacer algo convenientemente bueno. Cuando una persona tiene un sueño y se ve rodeado de personas positivas que están dispuestos a ser de bendición para que esa persona logre su sueño siempre encontraran que la realización de ese sueño será mucho mas segura a causa del apoyo que se pudo brindar. En ejemplo si un Joven tiene el sueño de ir a una Universidad de alto costo y sus Padres no pudieron lograrlo y quedaron con sus estudios a medias a causa de no poder seguir pagando la escuela. Lejos de desanimarle y darle otras opciones académicas de menor prestigio y menor costo, se deberían de reunir e idear la manera de poder solventar los gastos y programar un plan de ingresos adicionales donde los Padres pueden desempeñarse y todos los Ingresos de ese trabajo extra puedan dirigirse a los estudios de su hijo. Y si de esa misma manera se comparte esos sueños con amistades u otros familiares se podrían hacer un gran equipo donde al final el sueño de un joven termina siendo el sueño de varias personas y así mismo la satisfacción de haberse hecho realidad también la disfrutaran todos los involucrados en el trabajo para que ese sueño fuera posible.

Se debe tener cuidado y no permitir que un sueño sea suplantado por la fantasía ya que las fantasías lejos de ayudar pueden atraer malas consecuencias pues muchas de las veces hay quienes empiezan a vivir una fantasía que podría afectar por el resto de la vida. Las fantasías suelen ser irrealizables y afectar la mente de las personas ya que se han creado en la imaginación a causa de un problema Psicológico. En ejemplo vemos a una joven de complexión robusta que por mas que intente adelgazar y verse como otra joven de complexión pequeña jamás podrá lograrlo ya que el mismo esqueleto es diferente y la fantasía de ser muy delgada provoca que su imaginación se altere y se vea de otra manera sin medir las consecuencias de lo que esta haciendo. En casos de fantasía extrema se debe recurrir a un profesional que ayude a la persona que esta luchando por conseguir algo que puede perjudicar su salud y su vida. Los Sueños deben estar fundados en el bien pues hay quienes desean hacer un mal a alguien más y lejos de ser un sueño es solo el deseo de maldad brotando del interior para dañar y afectar y vemos como se vuelve una obsesión. La Pasión puede llevar a una persona a lograr que su sueño se haga realidad y es que la pasión aumenta el deseo de superación y de placer al hacer lo que es de su agrado. Cuando se tiene pasión por lo soñado no se permite que la duda entre a hacer daño sino que se está dispuesto a luchar firmemente por lo que se ha creído. El Afán y la Obsesión afecta cuando el sueño que se tuvo se quiere llevar a cavo por temor a las críticas de un sueño frustrado por lo cual las personas dejan de soñar y empiezan a obsesionarse y afanarse para evitar las criticas y los chismes. Lamentablemente la Obsesión por el reconocimiento de las demás personas ha llevado a fracasos terribles a muchas personas que hasta han quedado solos y sin familia ni amigos a causa de la soberbia desatada en sus vidas por haber pensado en si mismos no importando nadie mas. Los sueños se deben alimentar cuando sienten que se va perdiendo la fe debe alimentarse con la visión. Los sueños tienden a ser como el carbón encendido y si un carbón esta lejos del fuego tiende a apagarse por lo cual se debe acercar al fuego que le alimenta y le enciende y si necesita mas gas sele debe poner pues no debe dejarse enfriar. Así los sueños de una persona deben alimentarse y una manera muy estratégica es el reunirse con personas de la misma mentalidad de superación con las cuales al compartir sus sueños lejos de decepcionarle con desanimo terminan animando aun mucho mas y su sueño se fortalece y su fe se acrecienta por lo cual el plan de acción para llevar a cabo ese sueño se hace mas fuerte y su sueño se hace cada vez mas cerca a cristalizar o hacerse realidad.

[Grafica de visualización de sueños]

Las graficas han sido por muchos años una fuente de aliento y animo para que no se desista de soñar. Por ejemplo si dentro de sus sueños esta el tener una casa se debe tener una cartulina u hojas con algunas fotografías de las casa de sus sueños y así todo por lo que se esta luchando se puede plasmar en una grafica que le permite levantarse cada día y luchar por sus ideales con todo el animo requerido para lograr el éxito.

Los sueños siempre van mas allá de las posibilidades de las personas pues de lo contrario no serian sueños sino metas, misma que son de suma importancia para lograr un sueño. Pero no deben confundirse las metas con los sueños. Nunca sueñes con algo fácil de lograr sino con algo que te motive a luchar. La rutina afecta considerablemente a la persona que pretende soñar ya que no ha podido lograr en su mente un gran sueño a causa de que se encuentra encerrado en una zona de confort. Muchos dicen para que desear más si se tiene que trabajar más.

Todos heredamos nuestra sabiduría, conocimiento y ejemplo a nuestros descendientes y cuanto mas hayamos aprendido mas es lo que enseñamos. Hay quienes viven una vida libre de deudas y disfrutan de una gran sabiduría misma que les fue dada por los consejos de sus Padres y las fortunas que muchas personas poseen fueron el fruto del arduo trabajo de sus Padres. Las personas que no se complacen en dejar buenos ejemplos a sus familias estarán ocasionando una vida llena de dificultades a sus generaciones futuras pues cada generación tiene la responsabilidad de ser mejor y dejar un mejor legado a su descendencia. Soñar en grande no significa estar demente pues es mayor demencia la que demuestran los que han decidido dejar de soñar pues se han olvidado de que son seres creados por Dios para ser prosperados y de gran bendición. Por lo cual si alguien esta padeciendo demencia yo le recuerdo en este momento que Dios le hizo más que vencedor en Cristo Jesús y le dio la vida en la cual le incluyo el potencial de superación y de Bendición.

Sin fe es imposible agradar a Dios, por lo cual, podemos ver como Dios se agrada en ver que le crean. Por lo cual la fe es de suma importancia para poder soñar y creerle a Dios que todas sus promesas son verdaderas. La fe impulsa a ver las cosas que no son como si lo fueran y luchar por ellas viendo que son posibles. Todas las cosas que verdaderamente valen la pena requieren de un gran esfuerzo y sacrificio por lo cual tenemos que accionar esa fe que nos fue dada y luchar por nuestros sueños.

Un punto muy importante de la fe es que nos permite también el soñar cosas buenas para los demás por lo cual cuando comparte con una persona tus sueños de verle bendecida puedes despertarle el deseo de soñar y la fe que depositaste en Dios no solo será de bendición en tu vida sino también en la vida de las demás personas. Por lo cual cree y contagia de tu fe a todos los demás y sueña y enseña a soñar porque todo podrás verlo si te mantienes creyéndolo y luchando con pasión por lo que has decidido creer.

Capitulo 11

METAS

> *Si las personas con visión no tuvieran metas, se desesperarían pues las metas les ayudan a llevar un seguimiento de los retos superados y los esfuerzos compensados.*

La mestas son el motor andante que ayudara a que los sueños se puedan realizar. Por lo cual vemos la Necesidad de formar un plan de acción que nos permita ejecutar paso a paso el plan hecho para lograr llegar a las metas. Las metas se deben plantear y acomodar en secuencia. Se debe realizar una lista de metas a corto, mediano y largo plazo. Siempre se debe tener listo un plan de acción que muestre varias estrategias de trabajo en las cuales se pueda echar mano de cualquier plan ya que si en algún momento un plan de acción no se pueda llevar a cavo se tenga un plan extra que permita seguir el camino y no detenerse. En ejemplo en una ocasión decidí trabajar con tres personas ya que es importante formar planes de acción en equipo así como planes de acción individuales. Cuando pusimos en práctica el plan de acción en equipo minoritario decidimos salir a una calle principal de la Ciudad y entregar algunos folletos haciendo una invitación al evento que planeamos. Pero el plan se llevaría a cabo en una calle por lo cual si en dado caso surgía un cambio climatológico donde la lluvia se hiciera presente necesitábamos tener dentro del programa un plan "B" en el cual habíamos planeado entrar a un centro comercial donde nuestra meta de ese día no se viera afectada por un cambio climático.

Las metas ayudaran a llevar un control de tu trabajo por lo cual será importante revisar diariamente que tu trabajo se haya llevado a cabo. Muchas personas son motivadas por la planeación de metas las cuales les permiten levantarse con una amplia visión de lo que desean. Si no nos fijamos metas será muy probable que pronto desaparezcan los sueños que se habían hecho. Cuando soñamos con algún logro y visualizamos nuestros objetivos, las metas ayudaran a que los pasos a seguir nos lleven más rápido a la conquista del éxito. Las metas solo son el punto final de un proceso pero enseguida de ella esta lista una nueva meta a la cual le conllevara otra mas y así sucesivamente se podrá ver un camino lleno de logros. Si las personas con visión no tuvieran metas se desesperarían y no podrían tener un seguimiento de su esfuerzo por lo cual seria muy probable que desistieran de seguir luchando por sus sueños e Ideales.

Las metas las podemos visualizar como una escalera y en cada escalón se va fijando una meta y así nos ayudara a ver como nuestro sacrificio y esfuerzo no. ha sido en vano. Pues si vemos que la culminación de un gran sueño esta al finalizar la gran escalera de cien escalones y al ir subiéndolos podemos llevar la cuenta de que cada vez estamos mas cerca de lograr el objetivo. Reconozcamos el esfuerzo que hacemos, pues es de suma importancia que nosotros mismos disfrutemos de lo que se esta haciendo y nos motivemos a seguir adelante. Algunas personas solo deciden seguir hasta lograr la meta pero si no se trazan las metas a corto y mediano plazo no sabrán que tanto han avanzado. Si nos pusieran frente a nosotros dos caminos que nos llevan a la cima que se desea conquistar y vemos que un camino hacia la cima de la montaña es un camino plano, requerirá de mucho esfuerzo el caminar de subida. Y si a un lado tenemos otro camino el cual esta hecho con escalones podríamos pensar que seria menos cansado. En realidad los dos caminos requieren mucho esfuerzo y el de los escalones nos fortalecerá aun más los músculos de las piernas. Además podremos ver que los escalones nos permiten tener una sensación de descanso después de cada esfuerzo y nos sentimos seguros porque estamos pisando firme. A la vez podríamos llevar una contabilidad de los escalones que se han subido y saber en que nivel estamos o están las personas que nos llevan ventaja o desventaja. Si Yo veo que una amiga mía va en el escalón cincuenta y yo voy en el treinta, eso me motivara a esforzarme aun más y saber que Yo también estaré muy pronto en ese escalón. Sin embargo si solo estuviera subiendo por el camino donde no puedo llevar ninguna contabilidad estaría suponiendo que me falta mucho más de lo que seria en realidad y no habría mucha seguridad al detenerme a descansar pues tendría miedo resbalar a causa de la inseguridad de la firmeza al pisar la senda cuesta arriba. Cuando una persona no hace metas solo se mueve por la emoción que al paso de las dificultades se perderá y desistirá de su objetivo. El conquistar una cima no es ni será jamás fácil. Aun así cuando pensamos que algunas personas llegaron a la cima porque tenían mayores cualidades, no es así ya que toda persona requiere de un gran sacrificio para lograr conquistar la cima. No importa que tantos talentos se tengan, el esfuerzo y sacrificio será el mismo y lo único que podrá diferenciar a una persona de la otra será el jamás haberse dado por vencido. Hay quienes sin tener tantos dones y talentos logran la conquista de la cima mientras quienes habiendo tenido un gran potencial se dieron por vencidos. Las metas a corto plazo es donde podrás establecer tu plan de trabajo diario y semanal. En ejemplo las metas a corto plazo se deben planear en una agenda donde decidas como trabajar, que días hacerlo y el horario. El compromiso y responsabilidad deberá ser sumamente estricto pues uno mismo debe sujetarse al plan de acción estipulado. Si queremos que un grupo de personas nos sigan debemos plantear ese plan de acción en equipo y ser nosotros mismos los primeros en llevarlo a cabo como ejemplo a seguir para poder tener un equipo exitoso. Las metas a mediano plazo podrían plantearse de acuerdo a cada mes, trimestre o semestre. Pero siempre será recomendable trabajar con las de corto plazo las cuales nos llevaran a poder ver el logro automáticamente en las metas a mediano plazo. Así mismo las metas a largo plazo en las cuales podremos fijar nuestra conclusión al año, dos, cinco o diez años serán el resultado de las metas a corto plazo. En resumen podemos ver como nuestro esfuerzo y compromiso diario será lo que nos lleve al Éxito deseado. Nunca pospongas lo que puedes hacer hoy para hacerlo mañana. No te detengas en tu camino. Prosigue tu carrera firme y responsablemente sabiendo que hay un gran galardón que gratificara y recompensara tu persistencia y constancia.

Capitulo 12

LA RAZON QUE TE MOTIVA

> *Cuando la gente descubre su propósito en la vida, encuentra la razón quien a su vez se convierte en su motivación.*

En la escalera que formemos para nuestro plan debemos identificar cada escalón con un propósito y un objetivo. Cuando tenemos un plan trazado en el cual ya hemos planeado y marcado las metas que nos ayudaran a crecer y seguir hasta la conquista de la cima. Debemos encontrar la razón que nos moverá a seguir luchando por nuestros Ideales. Todos debemos tener una razón por la cual deseamos superarnos. Un propósito que nos impulsa a salir adelante y romper todo esquema que se había apoderado de la lucha interna de superación. La rutina y el desanimo afectan significativamente el deseo de superación. Lo único que podrá ayudar a levantarse serán las razones que te mueven a no darte por vencido. Puede haber muchas razones por las cuales desees ser una persona de éxito. Probablemente puedas ser movido por tu familia, por tus hijos, esposa, esposo, Padres, abuelos etc. También hay quienes pueden ser motivados por ser diferentes a lo que pensaban que seria su vida. Hay quienes pensaban que el hecho de no haber estudiado o tenido la oportunidad de tener una carrera universitaria los haría vivir una vida en fracaso. Pero jamás ha sido así, una persona con deseos de superación puede llegar tan alto como ella misma lo crea lo decida y lo ponga por obra. Nadie puede detener a una persona de sobresalir y ser exitosa. Yo he visto como personas analfabetas que no fueron ni siquiera a primer grado de primaria las cuales no saben leer han podido lograr el éxito y han sido reconocidas aun como maestras instructoras de niños, ¡Y sin saber leer! Yo se que es impactante escucharlo pero es una realidad. Y en muchas ocasiones personas analfabetas han logrado la conquista de la cima dejando a media de ella a quienes tienen una gran preparación académica. Pero el motor impulsor de tanta lucha por la conquista ha sido lo que motivó a que esas personas con el doble grado de dificultad hayan logrado lo que otros sin motivación han dejado. El secreto es su razón y su porque. La razón por la cual quieren ser diferentes no los dejará darse por vencidos, no importando lo difícil que las cosas sean. En todo hay un propósito y las cosas que hallan vivido, las malas experiencias, las decadencias o las limitaciones físicas, pueden ser el motivo de coraje y lucha para demostrarse a si mismo que no hay nada que les detenga ni les impida levantarse a triunfar y conquistar la cima que muchos por no salir de una zona de confort deciden no conquistar. La Biblia dice que a los que aman a Dios todas las cosas les ayudan para bien. Por lo cual quien decide hacer que las cosas sucedan, no esperara a que alguien más lo haga primero para después seguirlo. Ya que los lideres, pioneros y fundadores son y serán siempre los atrevidos esforzados y conquistadores de lo que parecía imposible. Se necesita carácter de guerrero, tener agallas y dominio de si mismo para no darse por vencido. Para los Campeones los retos terminan siendo la motivación de su vida pues reconocen que fueron hechos para vencer.

En mi vida personal tuve la gran bendición de conocer a una persona que me ha motivado a ser esforzada pues con su ejemplo he visto que todos podemos lograr lo que queremos si tan solo nos decidimos a hacerlo. Mi Padre es un Campeón pues he visto como ha logrado el éxito en todo lo que hace. Con tan solo una carrera técnica pudo lograr la conquista de la cima. Siendo Él una persona de escasos recursos se dio cuenta a temprana que edad que no hay excusa para ser pobre y que puedes salir de la pobreza si en verdad deseas salir de ella. Aprendí que el secreto del éxito era la decisión de cambiar, la seguridad, la constancia y la superación personal en la cual encontraras que siempre hay algo que aprender y algo que hacer. Yo veía a mi Papá ponerse metas diarias y no se daba por vencido pues no regresaba a casa sin haber logrado su meta diaria. Algunas veces se hacia de noche y aun así seguía tocando puertas y hablando con la gente hasta lograr su meta. Y si un día lograba el doble o triple de la meta que se había planteado no descansaba los siguientes días sino que seguía con su plan de acción diario. Veía como se levantaba a las seis de la mañana y se arreglaba con su traje sastre y su corbata no importando que tan caliente estuviera el día pues el dice que la imagen siempre ayudara a que recibas un buen trato y se te valore tu esfuerzo por dar lo mejor de ti. Aunque sus negocios iban cada vez mejor no era razón para detener el ritmo de trabajo. En muchos momentos nos vemos sorprendidos por momentos de abundancia y prosperidad en los cuales debemos de ser sabios como José y no detenernos pues de pronto podrían llegar los tiempos difíciles los cuales no afectarían si en los momentos de abundancia se supo trabajar y guardar y administrar.

Capitulo 13

ACCIONANDO Y ACELERANDO

> *Nuestra mirada deberá estar siempre en la sima y nuestro esfuerzo en cada escalón.*

Si deseamos vivir como reyes necesitamos accionar la fe y correr la carrera sin detenernos. Cuando empezamos a trabajar en la carrera que correremos hasta lograr llegar a la meta necesitamos estar enfocados. Todo aquel que corre una carrera debe tener la concentración necesaria para no desviar su mirada de su meta. En nuestra mente debe estar presente que no importa lo que suceda alrededor nuestra mirada jamás deberá perderse ni por un momento ya que de ser así se podría perder todo lo que se había obtenido ya que la distracción desenfoca y provoca la derrota. La mente es como una esponja que se acomoda a absorber todos los líquidos cercanos. Por lo cual debemos de saber que si no nos concentramos en el objetivo a conquistar, nuestra mente podría desenfocarse y perderse en pensamientos que lejos de ayudar perjudicaran considerablemente. Cuando un atleta decide correr una carrera primeramente estudia la distancia y se prepara para llegar a su destino sabiendo que no debe desconcentrarse ni correr viendo a sus espectadores. Así mismo otra distracción que es muy frecuente para el líder que corre la carrera es el ver el progreso de los demás y desanimarse. En el camino de toda carrera se podrán ver obstáculos mismos que pueden afectar si se detienen en ellos. Los obstáculos solo ayudaran a tomar mas fuerza para poder saltarlos. Cuando algún problema viene a afectar el liderazgo de una persona se debe ser valiente confrontar y seguir adelante. Jamás debe darse por vencida pues nadie dijo que una carrera fuera fácil. Cuando una persona tiene un sueño en el cual se amplió su visión y decide luchar por él, no es que de pronto le haya aparecido el sueño de la nada sino que todo lo que se sueña y se desea hacer es porque se ha nacido con la capacidad de lograrlo. Cuando viene a tu mente el deseo de ser como alguna persona es porque tú también tienes la capacidad para lograr lo que esa persona ha logrado. Dios ha capacitado a cada persona con dones y talentos con los cuales podrán desempeñarse en lo que les gusta por lo que sabemos que todo lo podremos hacer si lo podemos creer. Si corres una carrera con el fin de lograr la meta es porque tienes en ti el potencial necesario para lograrlo y nada deberá detenerte solo tú. Por lo que cada día y cada momento debes esforzarte y no darte por vencido. Aunque de pronto el clima llegara a cambiar no significa que una tormenta dure para siempre. Si sucediera que mientras estas trabajando arduamente el desanimo llegara a tu vida, deberás luchar y tomar animo. Por lo cual el tener amistades que te respaldan será de gran ayuda y si te sientes solo o sola y no hay quien te respalde, debes recordar que Dios siempre te respaldara y es el mejor motivador que continuamente te dirá "Ten Animo" y las palabras que tocan a todo el que quiere conquistar la meta "Esfuérzate y se valiente, no temas ni desmayes porque el Señor tu Dios estará contigo en donde quiera que vayas". El Éxito sí es para todos pero no todos lo quieren obtener a causa de no luchar por conquistarlo. Muchas veces sentirás que vas corriendo tú solo en la carrera y que necesitas de un equipo que te apoye y piense como tú, pero más aún que te siga. Sin embargo cuando nos enfocamos en correr la meta y nos concentramos, lograremos que cada vez más personas se unan a nuestra carrera pues se verán motivados por el esfuerzo que se proyecta y tendrán credibilidad en el líder que les motiva con su propio ejemplo. Al correr una carrera El líder podrá darse cuenta de quien es el quipo con el que cuenta, pues todo líder necesita gente valiente con quien trabajar y conquistar la cima.

La mentalidad aplicada para accionar y acelerar también la podemos comparar con el conductor de un auto de carreras donde su actitud positiva le motiva a visualizar la meta mientras al mismo tiempo su pie acelera el motor. El conductor está alerta en todo tiempo sabiendo que puede surgir un inconveniente en cualquier momento. También sabe que tendrá que estar preparado para esquivar a los carros que han quedado a media carrera. El conductor se preparó para ganar la carrera y en su entrenamiento está el no detenerse, y el no distraerse.

Todo líder necesita estar preparado para brincar, esquivar, derrotar y destruir todo obstáculo. Y la constancia, decisión y compromiso ayudaran a lograr llegar a la meta. En todo momento se debe ser esforzado y estar atento y preparado.

Capitulo 14

SI LO CREES LO CREERÁN

> *Cuando estudio un proyecto y veo que se puede lograr, me abrazo y me apasiono de lo que he creído e invito a la gente a soñar y luchar conmigo.*

La primera persona en estar segura de tus sueños e Ideales eres tú mismo. Nadie creerá que puedes lograr lo que te propones si no estas seguro de lograrlo. Siempre podrá ser visible la seguridad o la duda en una persona. Nadie podrá fingir el temor a hacer algo pues se hará notar su inseguridad en su manera de hablar y mirar. Cuando una persona está segura de lo que desea y se decide a luchar por su meta, hará notar con su mirada y su firmeza al hablar, pues no titubeara al respecto de lo que cree. Cuando una persona se esta esforzando por lograr un objetivo y alguien le hace preguntas en las cueles desconoce las respuestas, no le permitirá a la incertidumbre controlar su vida pues con seguridad dará la sencilla respuesta de "No lo se, pero lo averiguare" Debemos saber que nadie lo sabe todo mas solo Dios es quien lo sabe y conoce todo. Por lo cual no debemos pretender saberlo todo y decirle a sus seguidores u organización que lo sabe todo, pues en algún momento se encontrara en una situación que le hará demostrar que no era verdad que lo que decía. Así que como líder siempre muéstrese abierto a aprender pues jamás dejaremos de aprender y siempre necesitaremos estar en continuo aprendizaje. Cuando se tiene un plan de acción y en este mismo vamos mostrando por pasos el plan de trabajo a seguir y así mismo la meta a conquistar, se necesita exponer su plan con toda seguridad de que se lograra. Siempre habrá personas negativas que estarán cuestionándole continuamente, pero como líder no deberá dejar que apaguen el entusiasmo que le permite mantenerse radiante al momento de expresar su visión. Muchas personas me han preguntado la razón para lograr que la gente me responda que sí en lugar de que me respondan con un No, y Las respuestas son ser siempre entusiasta y jamás temerle a los No. Siempre que estudio un plan y veo que se puede lograr me abrazo y apasiono de lo que he creído y empiezo a compartir mi pasión por lograr mi ideal y al mismo tiempo invito a que la gente que me escucha se llene de ese entusiasmo y se atreva a soñar junto conmigo y luchemos por hacer que las cosas sucedan. De esa manera las personas hacen a un lado todas sus dudas y deciden creer que ellos si pueden lograr todo lo que se propongan. El principio de toda meta está basado en los sueños por lo cual necesitamos soñar y ayudar a la gente a soñar. Cuando tu sueño fue visualizado necesitas proyectarlo y llenarte de pasión y compartirlo con ese entusiasmo que será como un fuego que nadie puede apagar. Cuando llegas a un lugar donde dos o tres personas comparte tu misma pasión y están decididos a lograr cosas extraordinarias, podrás ver como además de que se acciona la fe en ellos y al mismo tiempo tu fe, nuevos sueños empiezan a aparecer ya que tu potencial se va expandiendo cada vez más. Cuando estas sumergido en la completa seguridad de que podrás lograr tu sueño, mucha gente deseará esa misma capacidad de soñar, creer y accionar. Debemos de ser como antorchas encendidas llevando el fuego a otras antorchas que han estado apagadas, y contagiar del fuego que consume la duda, la ignorancia, la pereza y la depresión. Dios ha dado diversidad de promesas para todos sus hijos y todo aquel que cree las recibe. Los hijos de Dios deben estar seguros de quien ellos son y de quien es el Dios todo poderoso a quien están sirviendo. Sabiendo que es el Dios que hace posible lo imposible. Su palabra nos enseña que Él nos puso por cabeza y no por cola y que las bendiciones nos seguirán y no tendremos que buscarlas, pues también nos enseña que todo lo que la planta de nuestros pies pisara será nuestro territorio. Por lo cual Dios nos ha hecho conquistadores y ha asegurado la victoria en todo lo que emprendamos. A Dios le gusta que sus hijos crean realmente en su palabra y así mismo a todo Padre de familia le disgusta que sus hijos no crean en sus palabras. Cuando alguien no te cree te esta tomando por mentiroso y eso es algo que puede hacer enojar y decepcionar. Por lo cual toda la palabra de Dios es viva, eficaz y real. Si Dios dijo, El hará. Si tu crees tu lo lograras. Muéstrate siempre firme en tu convicción y jamás te des por vencido, ya haz trabajado mucho como para decidir detenerte y dejar de creer y así mismo dejar de soñar. Hay quienes dicen que prefieren despertar de un sueño que parecía hermoso pero que en realidad era solo fantasía. La verdad es que cada uno de nosotros somos los que decidiremos en que un sueño se haga realidad o se quede en el olvido. Nadie debe darse por vencido porque todos tienen el poder para lograr absolutamente todo lo que se propongan. Un sueño será como una semilla que necesita agua y la luz del sol para poder dar fruto a su tiempo. La semilla se riega con esfuerzo y su luz será tu seguridad misma que representa la convicción de tu fe. Que tu seguridad siempre se mantenga firme y visible. Que tu constancia sea el agua que riega tu semilla. Que tus razones siempre sean valoradas y jamás pierdas la esperanza, pues cada paso, cada escalón, cada esfuerzo y sacrificio ya están dando resultados. Que seas conocido como una persona que logra lo que se propone, que no tiene miedo y sabe salir adelante no importando los obstáculos que sele atraviesen. Que cumple lo que promete y busca lo bueno para todos no solo para si mismo. Que es sabio y sabe consolar, aconsejar y perdonar. Mantente firme y constante y a su tiempo serán conocidas tus obras y tu carácter. Muchos buscaran ser como tu y trataran de imitarte y ser exitoso. Por lo cual se sobrio en todo tiempo y de buen ejemplo para que el fruto sea bueno. Transmite y comparte de tu pasión y que sean llenos de ese entusiasmo y muchos sean contagiados con el deseo de superación, pues la palabra de Dios dice en la tercera epístola del Apóstol Juan Capitulo dos verso uno:

Amado, Yo deseo que tú seas prosperado en todas las cosas, y que tengas salud, Así como prospera tu alma. RV 1960

TEMA 3

LEVANTARSE, SACUDIRSE Y SEGUIR

Capitulo 15

TU PEOR ENEMIGO

Jamás le permitas a la duda el elegir tu destino ni el de tu familia.

Desde el principio de la creación la duda se ha entrometido entre las personas para hacerlas fallar y arruinar sus vidas. La duda motiva a las personas a dejar de creer y buscar un razonamiento que le aleja completamente de lo que es la fe. La palabra de Dios dice que la fe es la certeza de lo que se espera, la convicción de lo que no se ve. Por lo cual la duda hace que la gente se desanime y se desespere. La duda trae consigo las excusas. Otro enemigo del líder es el temor, pero este mismo no llega sin antes haber llegado la duda. Todo termina trabajando en una reacción en cadena. Son como los eslabones que van sujetos unos a los otros y cada vez se van uniendo mas eslabones hasta que dejan a la persona completamente esclavizada y atada. Por lo regular trabajan de la siguiente manera: LA DUDA invita al TEMOR mismo que es seguido por el DESANIMO y de esta manera llega el FRACASO quien a su vez termina estirando a la DEPRESION. En algunos casos extremos donde se ha hecho tanto daño pueden traer el último de ellos llamado SUICIDIO. Son temas muy fuertes pero reales. Lamentablemente no debemos permitir que la duda empiece a afectar la fe y la pasión por salir adelante y superarse en todo aspecto de la vida. Recuerden que fuimos creados a imagen y semejanza de Dios y como todos sabemos Dios es grande y poderoso, y nos lleva de triunfo en triunfo, de bendición en bendición. La palabra de Dios dice en Filipenses cuatro trece: Todo lo puedo en Cristo que me fortalece. Por lo cual no tenemos que darle lugar a la duda y es la respuesta que debemos darle a todas las preguntas que la duda nos trate de hacer. Dice también la palabra de Dios: Resistir al diablo y el huirá. Así que si te mantienes firme y no te das por vencido podrás vencer los dardos de fuego del maligno los cuales trabajaran primeramente con la duda.

El haberle dado lugar a la duda ha dejado a muchas personas en una miseria económica que les tiene esclavizados y no les permite prosperar. La duda es movida por la desconfianza por lo cual deciden no creer en las oportunidades que seles presentan. Muchas personas no pueden entender el pensamiento de la gente que a pesar de que les esta yendo muy mal, se cierran a creer y desear salir adelante en la vida. Lo mas terrible es ver como una persona llena de dudas no solo se ahoga en la escasez y sufrimiento, sino que se lleva con él a su propia familia no permitiendo que alguno de ellos se levante y salga de ese circulo vicioso de desanimo y desaliento. La duda también despierta en las personas la envidia y el resentimiento ya que no les es fácil ver que otras personas hayan decidido creer y zafarse de las maldiciones que les había acarreado la duda, enemiga de la fe. La envidia engendra enemistades continuamente ya que se desarrolla el odio y el egoísmo aun si se está viviendo en miseria. Es muy triste ver a niños viviendo en hogares llenos de esa maldad que les afecta significativamente. Siempre habrá una persona decidida a romper con esa maldición que puede ser generacional ya que en la mayoría de los casos la miseria que se ve en un hogar, es la misma que vivieron los abuelos y bisabuelos. Romper toda maldición generacional dependerá de hacer a un lado la duda y decidir creer y seguir a los que han creído para aprender de ellos y dejarse guiar. Dios nos dio el poder para vencer y es el deber de todo líder enseñar de lo aprendido y ayudar a las personas que viven en opresión a salir de la difícil vida que pueden estar viviendo y como Dios nos permitió salir a nosotros pues su amor y misericordia es para todos. Pues Jesucristo murió POR TODOS. Pues el único bueno es Dios y toda la humanidad necesita de Él.

Nunca le permitas a la duda elegir por ti, pelea por tus ideales. No dejes que el dudar termine dirigiendo tu vida a un abismo sin fin. Toma el lugar que te corresponde, tú tienes el potencial para enfrentar lo malo y lograr todo lo que te propongas. Tienes el potencial para ser de bendición a muchas personas. Dios deposito en tu vida un espíritu de Poder, amor y dominio propio. Por lo cual el dominio propio que hay en ti podrá enfrentar y rechazar toda duda, no dando lugar a la incertidumbre ni a la negatividad. Las personas más exitosas en la vida no son precisamente las más inteligentes, ni las más hermosas ni las más virtuosas, sino las atrevidas que se esforzaron y creyeron sin haber visto, por lo cual pudieron lograr sus sueños por no haberle dado lugar a la duda. Hay personas que sin haber estudiado han logrado fortunas mas grandes que gente preparada profesionalmente y ha sido a causa de su deseo de superación y no haberle permitido a la duda entrar en su mente y entorpecer sus sueños. Conozco personas analfabetas que han logrado un gran éxito en todo aspecto de su vida. Así que el éxito es para todo aquel que decide conquistarlo, no importando a qué se enfrente ni que tan fuertes sean las criticas y negatividad a su alrededor. ¡Cree, lucha y llegaras a tu meta!

Capitulo 16

EL FRACASO

> *Los fracasos solo son como una terrible pesadilla que ya quedo en el pasado y no debe impedir el seguir soñando.*

Los fracasos siempre se harán presentes en el transcurso de la vida de todo ser humano. Ya que no significa que todas las cosas que hagamos tendrán el resultado deseado. Siempre se debe experimentar y luchar, no importando que un sueño sea frustrado, ya que podemos seguir soñando y nada puede detenernos de soñar, solo nosotros mismos.

Cuando tenemos un fracaso es dolorosa la decepción, pero inmediatamente se debe tener en mente el pensamiento de que siempre habrá algo mejor que conquistar. Es como los sueños que se tienen al dormir. No porque un día tuviste una terrible pesadilla significa que al siguiente día decides no volver a dormir a causa de aquel terrible sueño. Cada día el sol sale nuevamente y así mismo cada día tenemos una nueva oportunidad de seguir adelante, no importando como te haya ido el día pasado. Recuerda que es de suma importancia no arrastrar al pasado hacia el presente y menos hacia el futuro. Los bebés enfrentan fracasos y en varias ocasiones en un solo día. Cuando el bebé decide empezar a caminar, lucha esforzándose para lograr el equilibrio y poder ponerse de pie y así mismo empezar a dar unos pasos. Pero para cuando el bebé da un par de pasos ya tuvo algunos veinte fracasos. Increíblemente más de veinte fracasos para poder lograr caminar y en un solo día. Me pregunto, ¿Como se sentiría si en un solo día experimenta más de veinte fracasos? Hay personas que en su primer fracaso sienten que jamás lograran volver a ponerse de pie. Es difícil de comprender pero pasado el tiempo nos damos cuenta de que los fracasos solo nos hicieron más capaces de lograr el éxito. Si las personas no fracasaran no podrían decir que han aprendido algo y de hecho las personas que más fracasos tienen son las que logran los éxitos más sobresalientes. Las personas con más fracasos terminan siendo las personas con más sabiduría ya que cada fracaso en sus vidas esta representando más esfuerzos, sacrificios, sueños y deseos de superación. Hay quienes evitan juntarse con una persona que ha fracasado muchas veces y deciden aliarse a quienes han logrado un pequeño éxito sin saber que entre más grande el éxito mas grande fue el sacrificio y mas numerables fueron los fracasos. Nunca juzgue a las personas a quienes ha visto fracasar continuamente en algún proyecto o sueño ya que si el sueño de la persona es muy grande, tenga por seguro que lo logrará y si usted estuvo a su lado motivándole y creyendo en el, ciertamente puedo asegurarle que usted será beneficiado del éxito de esa persona. Hay personas que han soñado tan grande y se han apasionado en su sueño que no importando cuantos fracasos experimentaron, jamás se dieron por vencidos porque saben que todo tiene un precio y se tiene que pagar. En la mayoría de esos sueños tan increíbles se ven personas que impactan al mundo ya que sus logros y gran éxito se dan a conocer y se aprende de ellos. Así que si Usted ha fracasado, le felicito, se ve que se ha esforzado. No se de por vencido, siga adelante porque sus logros serán de gran bendición a los que han creído en usted. Muchas personas tienen tanto miedo a fracasar que terminan padeciendo la Atiquifobia, lo cual es una fobia al fracaso, pero no se dan cuenta de que ya están fracasando al no permitirse luchar por algo que se puede soñar. No importa si en todos los proyectos o negocios que emprendiste terminaron siendo un fracaso, lo importante es jamás darse por vencido. Ya que en realidad haz logrado mucho más de lo que te puedas imaginar, pues cada experiencia te ha permitido conocer mucho más de lo que pensabas. Llegara el momento donde todo lo que viviste te ayudara a lograr un gran éxito, gracias a que fuiste valiente y te atreviste a soñar y luchar sin importar fracasar. Y lo único recomendable es hacer lo que hacen los bebés después de caerse; Levantarse.

En el transcurso de mi vida he tenido muchas experiencias de las cuales he aprendido de todas ellas, tanto de los fracasos como de los logros. Pero en particular me ha encantado el no dejar de soñar y el disfrutar de los retos que se me han presentado. Cuando se atraviesa por o un reto es completamente difícil pero cuando se logra la victoria podemos compartirlos con la satisfacción de saber que aprendimos de lo vivido. Y es importante aprender de esos errores para no volver a cometerlos y cada día crecer en conocimiento y sabiduría para poder enseñar de lo aprendido.

Empecé a trabajar en negocios de redes de mercadeo a los dieciocho años de edad y me di cuenta de que era mucho mejor el tener independencia y lograr cuanto hayas decidido ganar. En ese tiempo tenia una bebe de siete meses de edad por lo cual el ser independiente en mi negocio me pareció la mejor opción, ya que yo podía decidir los días y horas para trabajar. Mi primer experiencia en ese negocio tenia que ver con la venta de productos de limpieza del hogar y como estaba recién casada desconocía muchas cosas referentes a limpiezas de grasa en las camisas y manchas en las paredes y pisos por lo cual cuando me hacían preguntas al respecto no entendía lo que tantas amas de casa me preguntaban pues mi experiencia como ama de casa era muy poca. Por lo cual cuando no sabia lo que me preguntaban les decía claramente que lo investigaría. Así que aunque en muchos casos la gente me ignoraba y decidía no comprarme nada al verme inexperta, no me di por vencida y seguía mi trabajo sin importar lo que me preguntaran pues les hablaba con sinceridad. Pero al tiempo fui aprendiendo cada vez mas al ir usando mis propios productos, pues de todo se aprende. Después de ocho meses me incorporé a otra compañía que vende productos de plástico muy resistente, vasos ollas y más. En esa compañía aprendí que la gente siempre estaba lista para comprar lo que uno le mostrara, por lo cual cuando hacia una presentación sacaba mi vaso con tapa abre fácil, mismo que conservaba mi bebida fresca y mientras convivía con las amas de casa haciendo mi demostración usaba mi vaso y les llamaba la atención y me fue muy bien. Pero al poco tiempo decidí empezar a vender joyería de fantasía fina. En mis presentaciones usaba aretes, collar, pulseras, prendedor y anillos. Esto me ayudaba a que la gente me comprara lo que llevaba puesto y una de las personas que se encontraban en una presentación me dijo que me había visto en una presentación de productos del hogar hace dos años y me dijo que si andaba de compañía en compañía y de fracaso en fracaso. Yo le sonreí porque esa señora ignoraba que mis dos trabajos pasados me ayudaron a ir superándome cada vez mas ya que mis ventas de joyería eran diez veces mayores a las de mi primer compañía y cinco veces mayores a las de la segunda compañía. Ya que en la primera no veían si usaba los productos que vendía, y en la segunda solo usaba uno o dos productos a la vista de las personas, mientras que en esa ultima compañía podía hacer que me compraran más de cinco piezas. Por lo cual lo que a simple vista se podía ver como un par de fracasos pasados, para mi fueron dos experiencias que me ayudaron a conocer y adquirir mas conocimiento en el negocio de las ventas. Así que los fracasos no son más que éxitos disfrazados de fracaso.

Capitulo 17

EL GOLPE

> Usted ya esta capacitado y preparado para enfrentar los retos que se le presenten teniendo la confianza de saber que todas las cosas le ayudan para bien.

El Reto más fuerte con el que los líderes se pueden llegar a enfrentar es el reto de la traición. Cuando un líder es traicionado por su equipo de colaboradores donde uno de ellos se levanta tomando su lugar, es un gran golpe a la confianza. La Biblia nos habla de como un joven traicionó la confianza de su Padre, y me refiero a Absalón quien por un tiempo estuvo atento al comportamiento de la gente que se daba cita para hablar con el rey David quien no se daba cuenta que el no poder darle la atención a todas las personas ocasionó que pusieran su mirada en quien astutamente les presto la atención que buscaban. De esa manera Absalón fue tomando un lugar que no le habían otorgado y después de eso se levanto en guerra contra su Padre, pero su mala decisión lo llevó por muy mal camino y terminó atrapado por su mismo cabello, colgado en un árbol mientras galopaba su caballo y ahí le mataron. Sabemos que todas las cosas que inician de una mala manera también terminan de la misma mala manera. Ésta es una Historia muy triste y fue mucho muy dolorosa para David ya que su propio hijo fue quien se levantó contra él y le traicionó. Imagínese como se puede sentir un Padre traicionado por su propio hijo a quien crio, alimentó, protegió y cuidó con tanto amor. Pero la realidad es que muchas personas son engañadas y arrastradas por la envidia, la soberbia y la prepotencia y no quieren ser guiados, sin saber que todo aquel que desea ser un guía debió ser guiado primeramente. Es como el maestro que primeramente fue alumno y de esa manera puede llegar a enseñar lo aprendido. David jamás se dio por vencido sino que en su humildad como ser humano puso la difícil situación en las manos de Dios, quien se encarga de dar a cada quien lo que le pertenece. Siempre habrá una persona que desea ser más que el líder y no permite ser menor por lo cual podrá fingir en algunos momentos sujeción frente al líder pero en realidad solo estará tratando de ganar la confianza para en determinado momento tomar el control de la organización y llevarlos con él. Lo increíble de esta situación es que este tipo de personas presentan gran capacidad para convencer a las demás personas y La pregunta es ¿Porque no usan esa capacidad para edificar su propia organización sin tener que ir a dañar otra que no les costo trabajo edificar? Y bien la respuesta la encontramos en que no existe tal liderazgo ya que sólo se desea lo que otros levantan, a estos seles hace referencia en la Biblia como ladrones y usurpadores. Ya que no podrán liderar lo tomado de mala manera en donde se tuvo que dar uso de la calumnia y desacreditación del líder que sí estuvo trabajando correctamente. Por lo cual Todo líder debe estar preparado para este tipo de adversidad ya que es difícil detectar a un traidor. Además se debe tener cuidado si sele reconoce ya que por lo regular están disfrazados de bondad, amabilidad y comprensión pues siempre están atentos para fingir preocupación por los demás, pero a su tiempo se darán cuenta de que no había una ayuda genuina sino que solo era hipocresía que buscaba su propia conveniencia. La gente que termina siguiendo a ese tipo de personas sin ética profesional, siempre terminan solos y confundidos por lo que todos los sueños y metas que tenían se esfuman a causa de su mala elección. Pero los lideres están capacitados para enfrentar esas crisis y salir adelante ya que en esos casos solo será como la planta que es podada y al poco tiempo tiene mucho mas ramas que las que sele cortaron. Así que lejos de haber sido afectado será altamente recompensado. La Biblia habla de que el hombre sabio debe estar bien cimentado en Jesucristo y no importando lo fuerte de las olas que le golpeen siempre estará bien pues Jesucristo es la roca que le sustentará y le protegerá. Dios es quien siempre se encargará de eliminar y arrancar la cizaña que lejos de ayudar solo puede perjudicar al trigo por lo que a su debido tiempo se pasa por esas situaciones desagradables y dolorosas pero son necesarias para la edificación. Imagínese como se sintió Jesús al tener en su mesa al traidor que le entregaría, y además verle aparentar mucho amor y hasta entregarle con un beso.

Tenga ánimo sabiendo que lo más importante de esas experiencias es lograr superarlas sin que el corazón se haya dañado o contaminado del rencor o la amargura. Tenemos que ser sabios y aprender a perdonar ya que después de cada problema podrá experimentar el triunfo, el éxito y la victoria. Los momentos serán difíciles pero todas las heridas sanan si permitimos que Dios las sane y no permitir a nadie, ni a nosotros mismos estar lastimando la herida recordando y sufriendo por lo pasado. El pasado quedo atrás y solo ayuda a crecer en conocimiento recuerde que siempre hay algo nuevo que aprender. Siempre se tendrá que cambiar de hoja al cuaderno para seguir escribiendo, porque sino ¿como se vería escribir mas de cien veces sobre la misma hoja? Dé vuelta a la hoja y empiece a vivir una nueva aventura para lograr su hermoso sueño y ver realizados todos los deseos de su corazón. He visto a muchos niños caer mientras caminan y en algunas ocasiones se dan un golpe en la cabeza al haber caído, y les duele y se soban y algunos hasta lloran, pero en todos los niños vera como se levantan y siguen jugando y los golpes del pasado los olvidaron. Tenemos que ser como niños; olvidar, salir a jugar y de la vida disfrutar. Viva la Vida! Sea feliz

Capitulo 18

POSITIVISMO

Cada vez que se levante y esté a punto de salir de su casa, recuerde que Usted fue creado para conquistar todo lo que se proponga mientras lo haga con una actitud positiva.

Cada día tiene su propio afán pues es así como la Biblia lo describe. Por lo cual hay que vivir cada día en libertad. Así es, se tiene que vivir libre y levantar los brazos al cielo y agradecer a Dios un día más que nos permite para vivir con gozo, salud y sabiduría. Cada vez que se levante y esté a punto de salir de su casa, recuerde que usted fue creado para conquistar por lo que todo lo que se proponga lo lograra si lo hace con una actitud positiva. Es un gran reto para todo ser humano el vivir un día completo en plena libertad. La verdadera libertad no te permite estar atado a la desesperación ni la angustia ni la inseguridad. Cuando te levantas debes tener una actitud positiva sabiendo que lograras tus objetivos. Al salir de tu casa lo primero que se debe hacer es respirar con alegría el aire que Dios nos permite y contemplar la hermosura de su creación. Ver lo hermoso del cielo sin importar de que color se vea pues si el cielo está azul celeste se vera hermoso. Y si el cielo está en ese día lleno de blancas nubes será esplendoroso. Si el cielo está nublado y con densas nubes cargadas de agua, será un día de gratificante lluvias de bendición. Y si el cielo está tan oscuro por las tormentas y las oscuras nubes que relampaguean y con sus potentes truenos, podremos ver la majestuosidad del poder de Dios en esos hermosos truenos que imponen su presencia y su dominio. Todo es hermoso y digno de admirar. Y así mismo todo lo que le rodea podrá ser contemplado con acción de gracias. La vida es hermosa sin importar que tu pie caiga en un charco de lodo en el cual lejos de enojarte te deberá provocar una gran carcajada pues cada momento es único y especial y deberá vivirse con esa paz y felicidad. Y ¿quien no ha de querer ser feliz y estar rodeado de gente feliz? Todo cambiaría si nos diéramos la oportunidad de ser verdaderamente libres ya que Dios nos da esa libertad por medio de su hijo Jesucristo y debemos testificar que somos libres y vivimos llenos de gozo. Cuando las personas deciden vivir un día en completa felicidad y dar su mejor sonrisa a todo lo que le suceda en la vida podríamos contagiar a las personas que nos rodean. Siempre habrá gente enojada, frustrada, amargada, violenta, miserable, soberbia, altiva, egoísta, envidiosa, murmuradora, deshonesta y mucho más. Pero Usted puede ser del pequeño grupo que decide despojarse de todo lo que le pretenda robar su felicidad y ser optimista y positivo en todas las cosas sin importar como la gente las ve, ya que Usted ya está capacitado y preparado para enfrentar todo reto con el gozo y la confianza de saber que todo ayuda para bien. En una ocasión un hombre se decidió a llegar temprano a su trabajo pues siempre llegaba tarde y un día se levanta mucho mas temprano pues se decidió a que todo seria diferente y su vida cambiaría completamente. El hombre se arreglo con su mejor traje y salió una hora mas temprano de lo que acostumbraba y cuando manejaba su auto por la autopista, escucho un ruido muy extraño en el motor del auto y de pronto el humo salía de su cofre. Segundos más tarde el auto se detuvo y ya no volvió a funcionar. Aquel hombre estaba decidido a que ese día seria diferente y se propuso no enojarse, por lo cual decidió caminar y esperar a que alguien le brindara ayuda llevándolo a la Ciudad. Y mientras caminaba pudo ver que la carretera estaba sola y no pasaba ningún auto. El cielo se nubló de repente y las densas nubes estaban a punto de soltar la lluvia. Cuando el hombre vio que se aproximaba una gran tormenta, miro al cielo y dijo "Gracias Dios por la bendición que estas a punto de derramar en mi vida" y de esa manera alejó el pensamiento de fracaso que quería oprimirle. Cuando el hombre empezó a sentir las primeras gotas en su cara, volvió a mirar al cielo y dijo en voz muy alta "Gracias Dios porque la bendición que me enviaras será mas grande de lo que pensaba" Y así bajó su cabeza cuando de pronto un auto sale de la carretera y se dirige hacia él. Pero el auto no frenaba ni siquiera bajaba la velocidad y el hombre se asustó tanto que corrió y el auto se estrelló en un árbol de la orilla. Cuando el hombre corre para ver que fue lo que sucedió, encontró a una anciana mujer desmayada en el auto. De pronto empezó a llover muy fuerte y el hombre tomó el teléfono celular de la mujer y pidió ayuda. El hombre recostó a la anciana y una hora después llego la ambulancia y auxiliaron a la anciana. El hombre estuvo en el hospital y al ver que la anciana ya había recuperado el conocimiento decidió retirarse pero la anciana pidió que le hicieran pasar a su cuarto de hospital. Aquel hombre le dio gracias a Dios porque ese día fue de gran bendición pues pudo auxiliar a aquella bondadosa mujer. Al ir bajando por el ascensor del hospital pensaba en que ese seria el día en que mas tarde llegaría a su trabajo del cual ya no estaba seguro de tenerlo. Sin embargo el hombre saliendo del hospital le da gracias a Dios nuevamente y se alegra de vivir ese día en libertad sin enojarse ni desesperarse y le dice nuevamente a Dios "Gracias por este hermoso día, porque me bendices mas de lo que podría imaginar" y cuando el hombre estaba a punto de tomar un taxi, Un hombre le grita y al voltear ve que un hombre se acerca apresuradamente y era el guardia de seguridad y lo toma del brazo y le estira fuertemente sin ninguna explicación. El hombre trata de zafarse de los brazos del guardia pero el guardia le grita callándolo y diciéndole que tiene que pagar por lo que hizo. El hombre estaba asustado y mientras le llevan al hospital levanta su mirada al cielo y aunque sentía miedo y había un sentimiento que le estaba provocando el llanto, él volvió a recordar su reto de vivir ese día en plena libertad así que toma fuerzas y nuevamente levanta su mirada al cielo diciéndole a Dios "Gracias porque tu tienes algo grande para mi" El guardia le contesta diciendo yo no tengo nada para ti, pero aquel hombre de traje negro que bajó del auto de lujo me ordeno ir por ti. Y al estar frente a aquel hombre de ropa elegante, le mira sorprendido pues no le conoce y aquel hombre le da las gracias por haber ayudado a su Mamá y haberle dado el auxilio por lo cual le pide aceptar una bonificación económica pues ya se dio cuenta de como fue que se encontraba en la calle y pudo ayudar a su Mamá. El hombre no quería recibir ninguna ayuda pues lo hizo de todo corazón. El hombre rico le dice que él es el dueño de varias agencias de autos y que al levantarse en la mañana le pidió a Dios que ese día fuera diferente y le hiciera vivir en libertad y ser de bendición. Por lo cual deseaba ser de bendición para su vida y le mandó a su agencia para que le regalaran el auto que él eligiera y se despide de él diciendo "Permíteme ser de bendición y vivir este día en plena libertad pues aun con mi Mamá en el hospital puedo sentir la bendición de Dios. El hombre le dio las gracias y se dirigió a la agencia donde además de darle un carro le dieron un trabajo. Al llegar a casa le dio gracias a Dios por todo lo que vivió pues las bendiciones de Dios van más allá de nuestra imaginación. Siempre que decidamos vivir en libertad podremos ver que todas las cosas nos ayudan para bien. En todo obra Dios, y siempre hay un propósito en lo que nos sucede. Siempre da gracias a Dios en todo y Él se encargara de bendecirte.

Capitulo 19

TODO ES POSIBLE

> *Dios depositó en su vida el potencial de lograr todo lo que se proponga pues cada sueño, visión, anhelo y deseo que llegan a su mente, no son casualidad ya que si los puedes imaginar los puedes lograr, pues de lo contrario no podrías ver mas allá de lo que no se pueda conquistar.*

Impedimentos, excusas y críticas estarán rodeando tu vida cuando decides lograr el éxito, pero ninguno de ellos podrá ser tan fuerte como tu poder de dominio propio.

Cuando decides levantarte y esforzarte para lograr lo que te propones te das cuenta de que el potencial siempre ha estado en ti, solo que estaba inactivo. Cada persona nace exitosa y triunfadora pues desde antes de ser fecundado hay una lucha por conquistar la meta. El esperma que fecunda el ovulo de la mujer tuvo que competir no con uno ni diez ni cien, ni mil, ni un millón, sino con millones y millones de espermas que buscan lograr llegar al ovulo y fecundarlo. Y mientras esa carrera ocurría tu fuiste el vencedor, el ganador el que logró el éxito de ser quien se transformaría en una nueva vida. Por lo cual nadie puede decirte que no puedes lograr lo que deseas. Dios puso el potencial en tu vida desde antes de que nacieras y todos los sueños, anhelos, visiones y deseos que llegan a tu mente no son casualidad ya que si los puedes imaginar es porque los puedes lograr pues de lo contrario no podrías ver más allá de lo que no sete ha permitido conquistar. Así que no permitas que alguien té detenga, mantente firme en tu decisión, comparte tu visión con quien amas y sabes que podrás contar con su ayuda. Dice la biblia que el diablo viene a matar, robar y destruir. Pero si tú tomas lo que te pertenece y resistes toda critica, calumnia e impedimentos que sete atraviesen, tu podrás lograr la victoria prometida.

Satanás quiere robar los sueños de las personas por lo cual les envía dardos de fuego manifestados como malos pensamientos donde las excusas se harán presentes si se permite que entren y perturben. Cuando una persona empieza a desalentarte y tratar de persuadirte de desistir de tus sueños, está siendo influenciada por el temor que el diablo esta depositando en su vida. Es doloroso cuando los Padres son de tropiezo a los hijos al impedirles estudiar la carrera que ellos eligieron o el trabajo que desean adquirir, y es que el temor a que les hagan sufrir y les humillen impide que se den cuenta de que sus hijos tienen todo el potencial para lograr lo que se han propuesto. Los Padres debemos apoyar y escuchar las inquietudes de los hijos pues si no lo hacemos nosotros ellos buscaran refugio en otras personas quienes estarán con ellos en sus esfuerzos, sacrificios, fracasos y éxitos. No perdamos la oportunidad de ser de apoyo y bendición a nuestros hijos; si nosotros no pudimos lograr algo grande no significa que ellos tampoco puedan lograrlo. Tenemos que ser sabios y ayudarlos a enfrentar lo que sabemos que les puede desanimar. No dejemos que nadie nos diga que no se puede y tampoco le digamos a nadie que no se puede. Recordemos nuevamente lo que dice la palabra de Dios en Filipenses **4:13 TODO LO PUEDO EN CRISTO QUE ME FORTALECE.** Me gusta mucho recordar el pasaje de la Biblia donde nos habla de David cuando derrotó al gigante Goliat. Podemos ver que a simple vista y realmente era imposible que un jovencito y de baja estatura pudiera vencer a aquel temible gigante que atemorizaba a un poderoso ejército. Pero la indignación de David fue que el ejército representado por el Dios todo poderoso no tuviera la fe para creer que podían enfrentar y vencer al gigante Goliat. Y fue ese coraje que le hizo levantarse para pelear contra Goliat. Puede imaginarse la cara del Rey Saúl mientras veía como aquel jovencito no tenia ni la fuerza para sostener su armadura. Pero aun así Saúl como rey no le impidió enfrentar al gigante pues sabía que Dios podía hacer algo con aquel jovencito agraciado por el ministerio de la música. Sin embargo fueron muchas las personas que trataban de impedir que David enfrentara al gigante y sobre todo los que mas se oponían eran sus propios hermanos. David cerró sus oídos para no escuchar a nadie ya que él estaba decidido a ir y enfrentar a aquel gigante. David salió preparado y dispuesto a vencer por lo cual se prepara tomando cinco piedras, ya que David sabia que en ocasiones se puede perder pero jamás se puede dejar vencer. ¿Cuantas veces se enfrentaba David contra leones y contra grandes osos para proteger a las ovejas que cuidaba? Y ¿cuantas veces lanzando las piedras ninguna de ellas les pegaba? pero David sabía que de pronto una de ellas daría en el blanco. David tomó cinco piedras para ir a enfrentar a Goliat y estaba preparado para acertar, pero más que nada sabía que una de esas piedras tenía que dar en el blanco. Cuando David enfrenta al gigante lo enfrenta en el nombre de Jehová de los ejércitos y con una sola piedra lo derrumba. De ésta manera podemos ver como se puede lograr todo lo que sé proponga y saber que de todos los esfuerzos uno de ellos le ayudará a lograr su propósito. El gigante Goliat quiso intimidar a David pero él jamás desistió en su fe de vencer.

No importa cuantos gigantes tenga usted que enfrentar, recuerde que quien le dará la victoria es Jesucristo. Por lo cual no se canse de creer porque a su tiempo tendrá la recompensa. Luche por su sueño, por su deseo o anhelo. La victoria la tenemos garantizada si no nos soltamos de la mano de Dios, quien nos anima a que nos esforcemos y seamos valientes, por lo cual nos insta a no desmayar. ¡Jamás se de por vencido, somos mas que vencedores en Jesucristo!

Capitulo 20

APROVECHANDO EL SUELO

> *El Triunfador ha logrado su titulo gracias a las caídas que ha tenido, de las cuales en cada levantada trajo con él las experiencias que incrementaron su conocimiento y sabiduría.*

La ley de la gravedad nos enseña que todo lo que sube tiene que caer, pero en el desafío de la fe podremos ver que todo lo que cae tiene que subir. Cuando una persona se muestra humilde en su carácter podremos ver como Dios se encarga de levantarle. Los desafíos más fuertes de las personas son el poder de aprovechar la caída para tomar impulso y saltar mucho más alto hasta lograr más de lo que se había logrado. Cuando las cosas salen mal se da lugar a la burla de las personas y eso es lo que mucha gente teme, el ser el hazme reír de la gente. Pero en realidad hemos visto como la gente que tiende a burlarse de las demás personas terminan siendo los mas desdichados y derrotados. Cuando una persona se esfuerza por lograr una meta siempre habrá quienes a lo lejos estén observando su crecimiento y aunque por lo regular son los que mas le critican y le dicen que no logrará nada. Siempre están esperando la caída para poder decirles "te lo dije". Pero esas personas que están a la expectativa de todo lo que haces son las que en realidad saben que tienes todo el potencial para lograr lo que te propongas por lo cual esperaran ver tus caídas para burlarse, tratar de ridiculizarte y desanimarte. Lo que mucha gente ignora es que el triunfador está capacitado para caer y tomar impulso y poder saltar y lograr todas sus metas y lejos de avergonzarse por la caída se aferra más a su ideal y salta hasta llegar a su meta. En una ocasión me encontraba exponiendo un tema en un evento empresarial en New York, exponía mi tema el cual hablaba precisamente de las caídas en los negocios y de como debe uno levantarse y seguir adelante. En esa ocasión andaba un poco tensa a causa del frio que hacia en esa Ciudad y la verdad no estaba dando tomo mi esfuerzo y entusiasmo. Pero mientras exponía el tema el tacón de mi zapato entró en una hendidura de la tarima y caí al suelo yéndome de lado. En el momento que mi pie se dobló yo traté de balancear mi cuerpo para no caer pero todo mi esfuerzo fue en vano pues lo único que logree fue desestabilizarme y hacer mas movimientos bruscos tratando de no caer. Pero cuando por fin di la caída me levante inmediatamente de un salto. La gente estaba atónita cuando me vieron caer en plena conferencia pero lo que sucedió fue que al levantarme tan rápidamente, la adrenalina corría por mi cuerpo y sólo podía hacer una de dos cosas, o apenarme de la vergüenza que me dio al caer o levantarme y seguir exponiendo sin desconcentrarme por lo sucedido. Pero cuando vi los rostros de las personas asombradas al ver lo que me había sucedido tenia que hacer algo. Y en ese momento levanté mi voz con entusiasmo y me dirigí a la gente motivándolos diciéndoles que caer es lo de menos, lo importante es levantarse con la pasión que nos motiva para no parar y no dejar de hacer lo que estábamos haciendo. Caídas, siempre se experimentaran pero se tiene que tomar ventaja de esas caídas y usar el suelo para impulsarse y saltar con mas empeño y decisión, reconociendo que nada puede detenernos.

Ese día experimenté una caída física que me ayudó con el tema que estaba exponiendo. Por lo cual aprendí de mi propia experiencia que la vergüenza que puede llegar a detener a una persona que cayó al suelo se debe hacer a un lado y levantarse inmediatamente con la frente en alto y con más entusiasmo de seguir adelante. Aquel día después de que me levanté y proseguí con tanto entusiasmo, las personas se pusieron de pie y empezaron a compartir el mismo sentimiento de lucha y pasión de salir adelante no dejando que nada nos detenga. Esa noche fue muy especial y pienso que si no me hubiera caído y levantado, no hubiera habido tanto impacto en la gente que podría haber pensado que decirlo es fácil, pero al ver en ese momento que sí se puede seguir adelante inmediatamente después de una mala experiencia; les ayudó y les alentó a jamás darse por vencidos. Por lo cual volvemos a lo dicho: Todas las cosas nos ayudan para bien. Tenemos que aprender a impulsarnos y jamás quedarnos tirados. Siempre se aprenderá algo de cada caída y esas experiencias ayudaran al crecimiento personal. Debemos ser ejemplo y testimonio para nuestra propia familia ya que en los hogares es donde se hará notar la capacidad para levantarse sin rendirse, misma que será de inspiración para la propia familia.

Capitulo 21

CON LA FRENTE EN ALTO

Olvidar las malas experiencias del pasado ayudara a que su vida no se vea afectada en el presente y pueda disfrutar de su futuro.

En muchas ocasiones las personas que experimentan un fracaso o una derrota tienden a desanimarse y decepcionarse de si mismos. Por lo que en muchos de los casos se cierran para no volver a tomar ninguna oportunidad. Piensan que toda la gente esta hablando de ellos y burlándose de su fracaso. Sabemos que hay un dicho donde se habla de que hay personas que hacen leña del árbol caído. Y en realidad sí se encontrará con personas que se complacen en burlarse de los demás, pero el secreto esta en no permitir que esas burlas afecten. Es como los niños que son maltratados por sus compañeros de clase y les ofenden continuamente, lo más recomendable es no dar importancia a los comentarios. Cuando una La biblia nos enseña que debemos resistir al diablo y eso hará que se aleje. Si decidimos olvidar el pasado y enfocarnos en el presente visualizando un buen futuro, podremos llegar a la meta.

En cierta ocasión cuando estaba en la primaria y tenia once años de edad, observaba al equipo de Vólley Ball. Mientras las niñas golpeaban la pelota yo soñaba en que podía lanzarla aun más lejos. Pero todo era solo sueños que no se harían realidad si no me atrevía a inscribirme en el equipo. Mi complexión física era muy frágil, pues era muy delgadita y las otras niñas que jugaban eran robustas. Un día mientras el juego estaba muy reñido y estaban a punto de terminarlo, vi como el balón venia hacia mí y decidí entrar y golpearlo. Pero que error tan grande cometí. Cuando golpee el balón todo el equipo gritó a una sola voz "NOOOOO" y sucedieron dos cosas, número uno el balón solo lo desvié al suelo y número dos hice que el equipo perdiera ya que el balón caería fuera de las líneas de juego y por esa razón decidieron ignorarlo excepto yo. Ese día se formo una gran lista de enemigas a mi vida pues me odiaron y no dejaban de gritarme muy molestas. Yo estaba muy asustada, pero no tanto por lo que me gritaron sino por haberme atrevido a pegarle al balón. Ni siquiera conocía las reglas del volley ball solo tenia el deseo de poder jugar. Después de esa experiencia tenia la opción de olvidarme para siempre del volley ball o seguir con mi sueño. Y decidí olvidarme del error y aprender a jugar volley ball en mi casa ya que el equipo no me aceptaría. Pero pasados dos años ya me encontraba en la secundaria y fue ahí donde entré al equipo de volley ball y logreé un sueño que tenía pendiente cumplir, pero jamás desistí pues estuve practicando esos dos años en mi casa.

La malas experiencias del pasado no deberán afectar de ninguna manera el presente y mucho menos el futuro. En la Biblia encontramos la historia de un hombre que valoraba tanto la primogenitura y las bendiciones que venían en ella, por lo que su deseo de ser el primogénito se convirtió en su pasión. Cuando Jacob vio que seria fácil que su Hermano Esaú le vendiera su primogenitura, no pensaba en nada más que en tener el privilegio y la bendición de ser el primogénito. Imagínese Usted a una persona cuyo sueño fue ser el primer hijo en haber nacido, cuando tiene hermanos mayores. Pero su sueño era grande. Cuando para toda la gente podría ser completamente imposible convertirse en el primogénito, Jacob tuvo una aliada y fue su Madre quien le ayudo a poder vestir de pieles para usurpar a su hermano en la bendición que su Padre le daría. Cuando una persona tiene la absoluta convicción de que algo se puede lograr y no se da por vencida, puede atraer a gente que se asombra de ver su fe y le ayuda en todo lo necesario. Jacob era un Hombre de palabra y deseaba fervientemente ser el hijo primogénito; por lo cual sabiendo que su hermano tenia en poca estima su primogenitura decide comprársela por un plato de lentejas. Esaú le resto importancia al sueño de Jacob pues no imaginó que su deseo fuera tan fuerte, por lo que accedió a su propuesta y su necesidad física fue mas fuerte que el valor que sele debió dar al privilegio que tenia. Cuando una persona sueña y desea con todo su corazón lograr algo que pudiera ser imposible. La fuerza de voluntad y la fe harán que las cosas se hagan posibles por mas difíciles que sean. Jacob recibió la Bendición de primogénito de los labios de su Padre, en el nombre de Dios. Aunque su Padre no se dio cuenta de que a quien bendijo fue a su hijo menor, no pudo retractarse de lo dicho pues él también tomaba con seriedad el poder supremo de la bendición declarada. Nunca subestime la fe de alguien más y así mismo nunca subestime sus sueños, porque todo lo que se proponga se puede lograr si se tiene la ferviente fe necesaria. No importa cuanto sele critique y se le juzgue y cuantas veces experimente el fracaso y el rechazo. Siempre levántese como si fuera su primer y último intento sabiendo que de pronto podrá ver hecho realidad el sueño que en su corazón fue capaz de lograr.

TEMA 4
SEMBRAR Y CUIDAR

Capitulo 22

CRECIMIENTO PERSONAL

> *Todo líder debe mantenerse en continuo aprendizaje reconociendo que cada día hay algo que aprender.*

Entre mas se aprenda mas se podrá enseñar y sus metas serán más fáciles de alcanzar. El crecimiento personal se adquiere a la medida que se busque. Si una persona quiere crecer en conocimiento y decide dar diez minutos de su tiempo al día para aprender y prepararse esto no será suficiente ya que es necesario valorar lo que se quiere conquistar. Todas las personas tienen la capacidad para aprender por lo que entre mas aprenda mas podrá ofrecer a sus seguidores. A todas las personas les gusta estar seguras de sus lideres y saber que están en buenas manos ya que se tomaron el tiempo para capacitarse y enseñar. A Nadie le gustaría ser liderado por una persona que no sabe nada y que solo está improvisando. Cada persona es responsable de su propia educación y siempre habrá algo que aprender. El conocimiento da valor a las personas por lo cual entre mas conozcas mas se valorara tu enseñanza. Una persona sin conocimiento perecerá en su intento de progreso. La misma Biblia habla de como el pueblo de Dios perecía a falta de conocimiento. Las personas que no conocen a Dios perecen en su desesperación. Todo lo que vale la pena requiere de esfuerzo y conocimiento. Entre mas nos preparemos mas logros alcanzaremos. Cada generación lleva con ella una responsabilidad de superación. Siempre se debe ser mejor y hacer mejores generaciones. Toda conducta de una persona refleja el conocimiento que pudo haber adquirido. Cada vez son más las herramientas que se pueden encontrar para ayudar al crecimiento personal. La conducta de las personas que se preparan y buscan aprender cada vez a ser mejores personas, van dejando una huella que marca la diferencia de su futura generación. Cuando crecemos personalmente dejamos hábitos que afectaban nuestra vida en todo aspecto. Al aprender a ser mejor persona no solo cambia su apariencia sino que su salud se ve beneficiada a causa de haber cambiado lo que se hacia mal por los buenos hábitos que se fueron aprendiendo. El crecimiento personal le permite a las personas ser mejores Padres de familia o mejores hijos y así mismo mejores ciudadanos, profesionistas, compañeros de trabajo etc. Una de las grandes ventajas es que la salud es mas optima ya que las malas costumbres y conductas no solo dañan por fuera sino también por dentro y muchas personas han padecido enfermedades ocasionadas por su mal carácter y conducta. Cuándo una persona empieza a desarrollar el habito de leer puede darse cuenta de que su vida va cambiado considerablemente ya que cambio las cosas que no edifican por las que si. La lectura es el alimento que fortalece y edifica el conocimiento. El líder siempre debe mantenerse en continuo aprendizaje. Las conferencias, seminarios y convenciones ayudan al crecimiento personal ya que los temas que por lo regular se imparten van dirigidos a la edificación.

Capitulo 23

TODO TIENE SU TIEMPO

> *La impaciencia afecta a quienes desean ver el resultado de su esfuerzo en menos del tiempo promedio, todo tiene su tiempo y su momento; pues aun Dios se dio su tiempo para trabajar en la hermosura de la creación.*

Cuando hacemos una lista de metas donde planeamos a donde deseamos llegar, siempre pensamos que esa misma lista puede ser usada por más personas pero no es así. Cada persona es diferente en su manera de pensar y su resistencia. Si un líder obtiene grandes logros a causa de su gran esfuerzo no siempre funcionarán sus mismas estrategias en otras personas. En un grupo, equipo u organización siempre habrá varios tipos de personas. Algunas serán mas inteligentes que otras y mas capaces pero todas son importantes y de gran valor. Es sumamente necesario que el líder se de el tiempo de conocer a su organización y no generalizar. Cada persona tiene el potencial de llegar a la meta, pero algunos tendrán la habilidad de llegar primero que los otros. En ambos casos podemos ver gente exitosa sin importar el tiempo que les tomó llegar a la meta, ya que lo importante es que vencieron todo obstáculo y se esforzaron por llegar. Jamás se debe hacer sentir menos a una persona por no ir al mismo paso que los demás. No se debe presionar a las personas que tienen problemas para desarrollar alguna tarea. Se debe tener paciencia y ayudar supliendo la necesidad que se presenta en un miembro de la organización. Todas las personas son diferentes y todas tienen virtudes y cualidades, por lo que es importante reconocerles y ayudarles a desempeñarse en su talento. En una carrera podemos observar que todas las personas que inician la carrera van con el mismo objetivo pero algunos decidirán dejar la carrera a medio camino. Mientras que unos pocos llegan a la meta en muy corto tiempo. Pero cuando vemos a los que con tanto esfuerzo prosiguen su carrera aun sabiendo que ya hubo quienes llegaron en primer lugar pero eso no les impide lograr lo que se propusieron y sin importar lo que los demás piensen ellos siguen adelante y logran el éxito de haber logrado lo que se propusieron. Si se le exige demasiado a una persona y no sele da un plan de trabajo de acuerdo a su capacidad, la persona desistirá de trabajar y abandonara al equipo por sentirse presionada. La mayoría de las personas no están preparadas para trabajar bajo presión. Solo los líderes tienen la capacidad de dar mas rendimiento mientras se les presiona para lograr sus retos. Todo llegara a su debido tiempo mientras se tenga paciencia y constancia se podrán ver los resultados. La constancia que muchas personas han tenido ha sido su secreto para lograr grandes éxitos. Habrá mucha gente con tantos talentos y virtudes pero la desesperación por lograr las cosas lo más rápido posible, han hecho que todo su esfuerzo haya sido en vano cuando decidieron darse por vencidos y dejar a medias todo lo que habían logrado. La impaciencia afecta a quienes desean ver el fruto de su esfuerzo en menos del tiempo promedio. Nunca se deberá forzar a alguien a hacer mas de lo que se puede hacer. La disciplina ayudara a que se vaya dando un paso a la vez sin tener que saltar y tropezar. En cada paso hay una enseñanza que no debemos perder.

Capitulo 24

EL LIDERAZGO DESDE CASA

> *No se puede llevar luz a la calle teniendo a su familia en completa oscuridad.*

Debemos tener nuestra lista de prioridades y cumplir con cada una de ellas. Dios es la cabeza del hogar. La protección y cuidado de la familia está en las manos de Dios por lo cual se debe tener mucho cuidado en jamás olvidarse de Dios ya que toda promesa de bendición solo proviene de Él. De nada le serviría tener un millón de amigos si tiene a Dios como su enemigo. No podemos alejarnos ni apartarnos en ningún momento de su palabra pues siempre encontraremos en ella el alimento diario que nos dará la energía para poder levantarnos y salir luchando por lo que soñamos.

El tiempo que el líder debe dedicar a su familia es fundamental para que todo le salga bien ya que será de gran testimonio para todas las personas la relación que tiene con su familia. El sueño de la mayoría de los Padres de familia no está solo en proveer de libertad financiera a sus hijos y conyugue sino también el de dedicarles el tiempo que se merecen y disfrutar con ellos de todas sus bendiciones. Las personas que se atreven a perder a sus familias por causa de un sueño nunca podrán disfrutar de él. Pues no se puede ser feliz siendo egoísta, ya que la responsabilidad tomada como Padre o Madre jamás podrá rechazarse y dejarse por tomar otra responsabilidad. Dios quiere gente sabia y de buen testimonio. No se puede llevar luz a la calle teniendo a su familia en completa oscuridad. El primer reto de toda persona deberá ser el reflejar la luz de su familia y ser ejemplo a seguir. Es en el hogar donde se debe mostrar el verdadero liderazgo. Y amar, cuidar, respetar, valorar y sustentar a su familia mostrara su capacidad de liderar a quienes no lo son. Cuando se hace un plan se debe tomar en cuenta la opinión de sus seres queridos y compartirles sus sueños en los cuales ellos están incluidos y son su razón principal para salir adelante. No sele debe dar entrada al egoísmo ya que destruirá todo lo que pise. Cuando una persona sueña para si mismo por ego y vanidad, solo obtendrá frialdad e hipocresía de quienes lo sigan. Las malas actitudes solo atraen problemas y desordenes. Muchas personas desvían su mirada al deseo de poder y dominio sobre las personas siendo esto completamente erróneo y destructivo. Un líder debe amar y respetar a su organización. La familia es el centro que moverá su sentimiento de lucha. Nunca deje sus responsabilidades familiares por las responsabilidades laborales. Un líder deberá mostrarse sabio desde su hogar para que sea de buen ejemplo y su duplicación en su organización provoque mas lideres como él. Muchos líderes tienen grandes problemas en su liderazgo laboral a causa de los problemas familiares y esos problemas se hacen notar en su desempeño laboral. Esa es la razón por la cual se debe empezar haciendo las cosas correctamente y tomar en cuenta a su conyugue para poder llegar a un acuerdo en horarios dedicados a su organización y de esa manera poder trabajar juntos sin afectar la relación. Es hermoso ver a un líder acompañado en todo momento de su conyugue y ver como el líder reconoce la paciencia y sacrifico que su conyugue dedica para que el líder pueda desempeñarse. Si al conyugue se le da su lugar en todo momento y sele valora, el líder evitara muchos problemas y malos entendidos. Además es importante que el líder eduque a su organización a valorar y respetar a su conyugue quien ha sido de gran ayuda para que su liderazgo haya llegado al grado de éxito que se este mostrando. Cuando un líder planea un plan de trabajo o su agenda, será importante reunir a su familia tanto conyugue como hijos (si viven con Usted) Y compartirles sus sueños y metas en los cuales ellos son la razón para lograr el éxito y dar lo mejor de Usted a cada uno de ellos. Cuando el líder aprende a tomar en cuenta a su familia y a hacer su sueño un sueño compartido, serán mas las personas que se unirán en un mismo sentir y en esa gran fe que ayudara a la realización de sus anhelos. Sus hijos se sentirán valorados y no abandonados como le sucede a muchos líderes que desatienden a su familia por complacer únicamente a su organización. Todo líder debe hacer una lista de prioridades y agendar su plan de trabajo sin afectar sus planes de convivencia familiar, matrimonial y eclesiástica. Organice en familia sus planes a corto y a largo plazo, dedique tiempo de calidad para su familia y Nunca olvide que ellos son su razón para luchar y salir adelante. Amelos, disfrútelos y valórelos.

Capitulo 25

HOY POR TI Y MAÑANA POR MÍ

> *Todo lo que hacemos tiene consecuencias y si decidimos ser de bendición para las personas y nos enfocamos en ayudarle se podrá ver el fruto de la prosperidad en todo aspecto de la vida.*

Cuando un líder se enfoca en ayudar a cada miembro de su organización y hace las metas de cada uno de ellos como si fueran las suyas, podrá ver que el éxito de su organización es su propio éxito. Todo lo que hacemos tiene consecuencias y si decidimos ser de bendición para las personas y nos enfocamos en ayudarle se podrá ver el fruto de la prosperidad en todo aspecto de la vida. El hacer el bien siempre traerá su recompensa de bien. Algunas personas se decepcionan después de hacer el bien a alguien más, y eso es por la razón de que se esperaba algo a cambio. Siempre que nos dispongamos a ayudar deberá ser conscientemente de que no se debe esperar nada a cambio para que de esa manera la ayuda sea genuina. Las ayudas que se den a cambio de algo no puede llamarse ayuda sino intercambio, pues se esta buscando un beneficio.

La biblia nos enseña que es mejor dar que recibir y así mismo que es mejor dar que prestar. Para que una persona tenga la capacidad de poder dar sin esperar recibir no necesariamente tiene que ser rica pues también aprendemos de la biblia que si en lo poco se es fiel Dios se encargara de bendecirle. Hay quienes en lo poco son infieles a Dios a causa de la falta de fe y de convicción, por lo cual hasta que se den cuenta de que sele debe ser fiel en todo momento y practiquen la fe y crean y sean fieles a Dios, Hasta entonces podrán salir de esa escasez. Sin embargo también hay quienes siendo fieles en la escasez pierden su fidelidad cuando les llega la prosperidad y viven en abundancia pensando que ya no necesitan de Dios. Esa es la razón por la cual Dios quiere que preparemos nuestra mente para poder ver toda la abundancia que Él tiene para los que confían en Él y le siguen con fidelidad. Pero es necesario visualizarse viviendo en abundancia y reconocer que Dios es el que bendice y prospera en todo aspecto por lo cual si se aprende a ser fiel y se mantienen fieles en la abundancia podrán llenarse del gozo de la satisfacción al ser parte de los que saben amar a Dios en las buenas y en las malas. Se debe ayudar a todo tipo de persona no solo a los que en determinado momento piensan que también podrían ayudarle. En una ocasión platicaba con una persona que me decía que ella solo se atreva a ayudar a personas que valieran la pena y tuvieran la capacidad de poder ayudarla a ella cuando llegara a necesitar algo. Definitivamente esa persona no sabia que una ayuda se hace de corazón.

Se han dado a conocer testimonios de niños que fueron pobres y recibieron la ayuda de alguna persona de noble corazón y pasados los años vuelven a encontrarse con aquella persona que les ayudo en su infancia y en ese momento están atravesando una crisis financiera, pero ese niño ya crecido y prosperado económicamente es de gran bendición para quien le ayudo muchos años atrás. En el niño ya adulto esta el agradecimiento de la experiencia que jamás olvido. Y en el adulto el agradecimiento a Dios por haberle recompensado con la gran bendición de ver la prosperidad de una persona que salió adelante y cambio su siguiente generación. Siempre debemos ayudar y a futuro podremos ser recompensados con la gratificación de ver que el haber sido de bendición marcó la diferencia en la siguiente generación. Dice la palabra de Dios que no nos cansemos de hacer el bien porque a su tiempo recibiremos la recompensa de bendición si no desmayamos.

Capitulo 26

RESPONSABILIDAD DEL CUIDADO

> *Todos cometemos errores pero se deben enfrentar y saber pedir perdón cuando sea necesario ya que eso también hablara de la conducta responsable del líder.*

Las Responsabilidades de un líder hablaran de su amor y dedicación a su organización, mientras todas ellas se hagan notar. El líder debe estar atento a todo lo que suceda en su grupo y buscar solución a los problemas que estén afectando su organización. Buscar los puntos débiles y trabajar en ellos para poder fortalecerlos. La atención a sus colaboradores es primordial ya que necesita de ayuda para poder llegar a más personas. La palabra del líder deberá tener poder y autoridad así como confiabilidad. Su "si" deberá ser un verdadero "si", y su "no" deberá ser tan respetado y sostenido. Si un líder da un "si" por respuesta pero no cumple su palabra, perderá credibilidad y confianza de su organización. El líder debe pensar bien las cosas antes de dar una respuesta prematura para evitar cambiar de opinión afectando la seguridad que había sido depositada en él.

Los miembros de una organización siempre están a la expectativa de lo que su líder les va a enseñar. Y cuando su líder les hace una promesa, ellos esperan ansiosos para ver lo que seles prometió. Pero si el líder les hace una promesa y se olvida de ella, se decepcionarán como el niño se decepciona cuando no le cumplen lo que le prometieron. Y eso ocurre cuando su nivel de confianza es tan grande hacia su líder. Por lo cual la confianza es como una varita de cristal que cada día puede crecer pero se debe de cuidar para que no se vaya a quebrar y termine desapareciendo. Aunque la confianza se puede recuperar pero seria mucho mas frágil de lo que fue la primera vez. Por lo que se debe de tener mucho cuidado en no cometer el error de prometer algo que no se pueda cumplir. Un líder no debe hacer falsas promesas, debe tener ética en lo que hace y no defraudar a las personas que honestamente confiaron en él. Tampoco se puede olvidar de las promesas que sele hacen a una persona y dejarle para ayudar a otra que apenas va llegando al grupo. Ya que si no se ha podido ayudar a una ¿como se ayudaran a las demás? Si prometes algo a la persona a la que se esta invitando a formar parte de tu organización, debes cumplirle lo prometido y no defraudarle. No se puede abandonar a un grupo o equipo por tratar de hacer uno nuevo y mejor ya que los errores que se cometieron deberán corregirse. Si se cometió el error de mal informar a las personas, se deberá corregir la información otorgada y si alguien le mintió al líder y el líder hizo lo mismo con su equipo, tendrá que enfrentar el problema y explicar con sinceridad y ayudar a que el grupo se levante. El líder deberá cuidar su integridad aun si un error perjudicó su palabra. Recuerde que todos cometemos errores pero se deben enfrentar y saber pedir disculpas cuando sea necesario ya que eso también hablara de la conducta responsable del líder. Ser líder no es nada fácil como muchas personas piensan. El liderazgo es como la responsabilidad del Padre de familia hacia sus hijos.

Capitulo 27

AGUA, SOL Y OXIGENO

> *Es muy fácil perder la visión si se aleja del núcleo de apoyo que motiva e inspira en cada reunión.*

Para que una semilla plantada pueda crecer y dar su fruto requiere de sol, agua y oxigeno. Así mismo cuando ayudamos a una nueva persona en una organización sele debe de suplir sus tres más fuertes necesidades. El sol brinda la luz que le permite dar color. El agua es la que sacia la sed que le trae descanso. El oxigeno es lo que limpia y purifica cada día su vida y le permite seguir viviendo. Es así como una persona necesita ser cuidada. Recibir de la luz que le guía y le ilumina para proseguir en el camino. Jesucristo es la luz del mundo y nos guía con su palabra como lámpara que alumbra nuestro caminar para no desviarnos. Y de esa misma manera el líder de una organización deberá proveer a sus seguidores y mostrarles el camino que deben seguir para que no se desvíen por donde no deben caminar. El líder siempre va al frente y va dejando esa marca donde sus huellas son la señal del camino a seguir. Hay quienes no desearan seguir al líder y hacer su propio camino, pero eso no deberá distraer al líder de seguir guiando a los que confiadamente van atrás de el. La palabra de Dios es como agua al sediento que calma y tranquiliza, ayudándole a recuperar el ánimo y sus fuerzas. El líder tiene la responsabilidad de estar preparado en todo tiempo para suplir la necesidad que su organización muestra y de esa manera dar el ánimo y aliento que necesitan para salir de toda decepción, opresión y ansiedad. El oxigeno que nos permite respirar del aire que es necesario para vivir, lo encontramos al orar y leer la Biblia. Cada palabra escrita en la biblia traerá vida al que busca conocer más de Dios, y es el alimento que nos permite fortalecernos. Si dejamos de leer y dejamos de orar se pierde la comunión con Dios y afectara toda área de la vida. La Biblia enseña que es importante no dejar de congregarnos ya que es necesario estar dentro del fuego del poder der Espíritu Santo. Si una persona se aleja seria como un carbón que se apaga alejado de los demás carbones encendidos. El líder Necesita enseñar la importancia de reunirse y no faltar a ningún servicio u evento. Así como afecta a las personas el alejarse de la Iglesia y no congregarse. También afecta a las personas que trabajan en una organización y empiezan a faltar a las juntas motivacionales. Es muy fácil perder la visión si se aleja del núcleo de apoyo que motiva e inspira en cada reunión. Cada planta necesita ser cuidada y recibir todo lo que necesita y el líder será como el sembrador que necesita dar cuidado de esa planta, quien a la hora de la cosecha se gozara del resultado y vera que valió la pena todo el esfuerzo y sacrificio. Todo tiene su recompensa y todo lo que se haga tendrá sus resultados. Dice la palabra de Dios que no nos cansemos de hacer el bien porque a su tiempo segaremos si no desmayamos.

Capitulo 28

COSECHAS LO QUE SIEMBRAS

El liderazgo genuino es el que las personas tienen desde que nacen y muestran una pasión por ayudar y servir. Nuestro Señor Jesucristo busca líderes natos, que son sencillos y humildes de corazón, que ven por los demás y se inquietan por ayudar y ser de bendición a todos los que les rodean.

Todo lo que hacemos tendrá sus resultados, por lo cual no debemos cansarnos ni darnos por vencidos. El tiempo de sembrar siempre será el tiempo del presente. No podemos sembrar en tiempo pasado ni en tiempo futuro. Todo lo que se tenga que hacer se deberá hacer en ese preciso momento para poder ver el fruto de su trabajo en el futuro. No se debe dejar para el día de mañana las cosas que se sabe que se pueden hacer hoy. El posponer su trabajo y su plan de acción solo alejara cada vez más el fruto de su trabajo. Un sembrador pudo haber trabajado todo un día desde que salió el sol hasta que se ocultó. Y a simple vista aunque fue un día muy cansado y le dejó completamente agotado, solo se puede ver la misma tierra sin ningún cambio. Pero en realidad toda la semilla plantada es el principio de un gran éxito por lo cual el primer y gran paso ya se dio y hay que continuar el proceso. Muchas personas se desesperan cuando trabajaron arduamente y pareciera que tanto trabajo fue en vano pero no es así. Todo lo que se hace dará su recompensa. Cuando el sembrador plantó la semilla sabía que no solo era cuestión de sembrarla sino también de cuidarla. Cuando se cumple con todo el proceso diario del cuidado de la semilla y empieza a salir la planta, el sembrador se goza al ver esas pequeñas hojitas verdes salir de la tierra. Muchas veces esperamos sembrar una semilla y al siguiente día ir y ver una naranja en casa lugar que se sembró la semilla. Imagínese como se vería toda la tierra con unas naranjas en fila. Talvez a simple imaginación podemos ver algo bonito pero en realidad nos perderíamos de grandes arboles forrados de naranjas. Por lo que es mucho mejor ser pacientes y esperar su proceso pero siguiendo cada paso en su tiempo. Nunca dejar para después lo que se puede hacer en ese preciso momento. Si enseñamos correctamente tendremos buenos resultados. Todo lo que haga rendirá su resultado en su tiempo. No sea autoritario tratando de dominar y manipular ya que afectara demasiado su vida porque las personas a su tiempo se cansaran de ese carácter y mala manera de liderar. Tampoco sea tan demócrata ya que en la mayoría de las ocasiones terminan queriendo liderar al líder y no valoran su esfuerzo. Todo a su medida, usted tiene autoridad pero se debe respetar y no abusar. Los líderes liberales engendraran líderes liberales. Si se opta por separarse del grupo y empezar su propio liderazgo, jamás deberá ser por un sentimiento de egoísmo y envidia ya que lo mismo le sucederá en su equipo y le traicionaran de la misma manera que se hizo. No fabrique líderes ya que al nombrar como lideres a personas que no están capacitadas para hacerlo solo le traerá problemas. Cuando se da la autoridad a miembros de su equipo u organización para liderar basándose en quedar bien con esa persona, solo provocará el celo de los que habiendo desarrollado bien su trabajo no seles valoró y terminarán abandonándole junto con un gran grupo que no estuvo de acuerdo con su decisión. No de cargos a quienes no están preparados para desempeñarlos. El liderazgo genuino es el que las personas tienen desde que nacen y muestran una pasión por ayudar y servir. Nuestro Señor Jesucristo busca líderes natos, que son sencillos y humildes de corazón, que ven por los demás y se inquietan por ayudar y ser de bendición a todos los que les rodean. Cuando busca el bien para las demás personas su vida estará enriquecida de bendiciones que abundaran a sus futuras generaciones ya que siempre serán heredables porque es promesa de Dios.